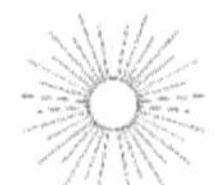

The Happiness Experience

El arte de vivir ahora

EL ARTE DE VIVIR AHORA

A nuestros padres, Marion y Pedro,

por hacer nuestra vida posible.

Gracias por enseñarnos a ser libres.

Esta copia del libro "el arte de vivir ahora" pertenece a:

_______________________________

El día que empecé a crear mi vida con él fue:

_____ / _____ / _________

Si encuentras este libro perdido, por favor contacta conmigo por aquí:

_______________________________

¡El karma te recompensará!

P.D. Si quieres comprometerte aún más, comparte esta página en tus redes sociales y ¡etiquétanos!

# TODO CAMINO EMPIEZA CON UN PRIMER PASO

Estás a punto de empezar una gran y emocionante historia, una en la que vas a crear tu propia versión de la vida que quieres experimentar a partir de hoy. Considera estas primeras palabras como el principio de un bello camino para soñar despierto. ¡Empecemos!

*El arte de vivir ahora* es un libro cargado de optimismo, ilusión, fuerza, vitalidad, esperanza, autenticidad, moral e intención, pero sobre todo está cargado de existencia. La finalidad que nosotros, Paula y Sergio –los hermanos Villena Kirchhartz–, perseguimos con este libro es transmitir la forma en la que hemos elegido encontrar y crear nuestra *Razón de Existencia*. Asimismo, queremos compartir la manera en la que hemos mejorado la relación con nosotros mismos para llegar a ser la mejor versión como personas, ya sea como hermanos, como hijos, como amigos... en definitiva, habitantes de este planeta.

A lo largo de este libro, vas a darte cuenta de, que sea cual sea tu perspectiva o estilo de vida, lo esencial es que te sientas en concordancia y paz con tus valores, emociones y sentimientos. Vas a encontrar una gran cantidad de herramientas útiles para moldear tu vida a tu gusto y así alcanzar la máxima expresión de tu propia definición de felicidad. Recuerda que el final del camino está solo en manos de cada uno de nosotros, así que estas herramientas te servirán para vivir una vida en la que seas más consciente de tus actos, de tus decisiones y de los pequeños momentos y rituales diarios.

No somos ni psicólogos, ni monjes budistas, tampoco tenemos cualquier otra relación profesional directa con lo que escribimos. Somos personas normales como tú y el resto de esta generación: dos jóvenes nacidos en un país desarrollado y con todo por vivir en el siglo XXI. Pero también dos jóvenes que han tenido tanto sus épicos *Días de Museo*, como sus duras tinieblas. Justamente esta es la principal fuente de lo que te contamos en este libro: nuestra propia experiencia. Otra, igual de importante, es la ingenua curiosidad que nos ha permitido aprender de grandes personas. Con toda esta información aplicada hemos conseguido resumir una tecnología para empoderarte a crear tu propia versión de tu vida y contagiar a todo el que te rodee.

Pero ¿cómo llegamos nosotros hasta este momento? Cada día experimentábamos más nostalgia por el pasado y más ansiedad por el futuro, sin llegar a entender bien si era así como se debía vivir la vida. Preguntábamos a nuestros amigos y conocidos, observábamos a nuestros mayores y, al final, parecía que sí, que ese estado de duda, inconsciencia e incertidumbre era en el que la sociedad estaba anclada a vivir y, por consecuencia, el que nuestra generación estaba determinada a sufrir. ¿Esto te suena?

Nunca hubo un momento exacto en el que todo cobró sentido, más bien, fue el resultado de experiencias personales, inspiraciones de viajes, relaciones enriquecedoras, vivencias fuera de lo conocido… lo que nos hizo trabajar constante y conscientemente con nosotros mismos, con nuestros valores y personalidad, con nuestros hábitos y acciones, para así aprender a vivir más en el momento presente. Y, de esta forma, poco a poco conseguimos –gracias a nuestro esfuerzo y energía– crear una vida digna de ser vivida siempre; y, como habíamos soñado, conseguimos ser la mejor versión de nosotros mismos. De esta forma, ahora podemos soñar despiertos.

Este libro se escribió aproximadamente en un año y medio. Pero la idea, el concepto detrás de todo esto, estaba dentro de nosotros desde hacía años. De alguna forma, nosotros, como hermanos, ya sabíamos que algún día crearíamos algo juntos. Por un lado, porque el crecer y evolucionar conjuntamente desde pequeños nos hizo llegar a tener una forma de pensar muy semejante. Por otro lado, como hemos sido la persona con que más tiempo hemos compartido horas de vida hasta el momento, nos dimos cuenta de que nuestra *Razón de Existencia* era cuasi idéntica. La suma de todo esto hizo que, inconscientemente, nosotros ya supiésemos que todo esto algún día sucedería, que los puntos de nuestro pasado se encontrarían; solo había que creer en el momento y actuar. Al fin y al cabo, como buenos soñadores, aun sin ser conscientes de ello, siempre habíamos fantaseado y deseado vivir una vida lo más real y auténtica posible. Y eso se tradujo, un día, en vivir una vida más consciente del momento presente.

Este libro no acaba en la última hoja, esperamos que sea parte de tu vida. Cada uno de nosotros encontrará su *Razón de Existencia*, su estilo de vida en el tiempo adecuado, en el lugar idóneo y con el espíritu del momento. Por ello, esperamos de todo corazón que este libro caiga en tus manos de una forma audaz y tolerante, sin prejuicios y sin modestia. Deseamos que te haga tomarte la vida de una manera más real, acorde a tus pensamientos y emociones; que te haga reflexionar y sentir, cuestionarte y ralentizar; que te haga parar y observar la vida que estás viviendo hoy, ahora mismo, justo en este segundo, en este instante. Por último, recuerda que no estás solo: todo el mundo está tallando su propio camino. Abre los ojos y andaremos juntos.

¡Disfruta el camino!

0% 

# ¿QUÉ ENCONTRARÁS EN ESTE LIBRO?

# NUESTRO PORQUÉ

Hace unos años decidí vivir mi vida en un estado de creación y no en un estado constante de supervivencia.

Creo firmemente que el trabajo diario con uno mismo –siguiendo un modelo completo centrado en lo espiritual, lo emocional, lo físico y lo mental– ayuda a crear la mejor versión de ti mismo.

Este libro es una muestra de lo mucho que a mi hermano y a mí nos apasiona aprender y superarnos constantemente y así hemos decidido compartirlo como estilo de vida.

Solo ayudando hoy a algún lector a vivir más consciente el presente y a descubrir el porqué del sentido de su vida, sentiré que ha valido la pena.

Nos vemos por el camino.

Paula - @paulita.villena


Durante años sobreviví a la vida que me habían dado, hecha a medida y siguiendo el patrón de lo que me decían que era o no correcto. No era ni bueno ni malo, simplemente no era yo.

Hace unos años empecé a darme cuenta de que era posible crear mi vida, pero para ello tenía que volver a aprender a escuchar mi voz y silenciar todas las demás fuera de mí.

Tú eres el único capaz de hacerte cambiar. No ocurre de un día para otro, y además requiere dar el máximo potencial dentro de ti. Pero, con las herramientas y actitud adecuada, puedes llegar a conseguir un poder que nunca creíste capaz de tener.

Solo con que este libro ayude a una persona a encontrarse a sí misma un poco más, a crear con más claridad… ya estaré soñando despierto.

¡La vida es para los vivos y nosotros lo estamos!

Sergio - @sergiovk88

# TU PORQUÉ

Te acabamos de contar el porqué de nuestras vidas y de este libro, ahora te toca a ti.

Si tuviésemos que elegir la pregunta que más impacto ha tenido y sigue teniendo en nuestras vidas, la cual nos seguimos preguntando una y otra vez, seguro que empezaría con:

¿Por qué...?

Si decides utilizar los recursos que te ofrecemos en este libro, acabarás entendiendo y usando esta poderosa pregunta.

Todos los miles de millones de acciones que realizas durante toda tu vida, cada uno de los cientos de decisiones que tomas a diario, tienen una razón, un porqué. El total de todas estas te han traído hoy, justo en este mismo instante, hasta este libro, hasta esta página en concreto.

Por ello, antes de empezarlo, resérvate cinco minutos para usar la pregunta anterior por primera vez en el libro, contestándola sobre las líneas que te hemos dejado más abajo:

¿Por qué quiero empezar a usar hoy,
día __ / __ / ____, este libro?

Voy a leer y usar este libro porque…

_______________________________________________


_______________________________________________

# SU PORQUÉ

A veces parece que tenemos la impresión de que compartimos este mundo tan solo con nuestra familia, amigos, compañeros de trabajo y algunas otras personas más que nos cruzamos cada día o que salen en la televisión. ¡Pero no vivimos solos en este planeta! No nos damos cuenta de que compartimos esta vida con miles de millones de personas, en concreto ¡ya somos casi ocho mil millones!

Por suerte para ti, si estás leyendo este libro es porque has tenido la casualidad de nacer en el top 12% de la población mundial. Por lo que seguramente tienes un techo seguro bajo el que dormir, no te falta comida en el plato, sale agua potable y caliente por el grifo de tu casa, cambias de *smartphone* casi cada año, puedes tener aficiones como ir al cine o viajar por placer… Y así podríamos continuar la lista, prácticamente, de forma indefinida.

Lógicamente, puede que estés lejos del 0,1% de personas que salen en *Instagram* y en otros medios presumiendo de tener una vida de ensueño. Pero estas, en muchas ocasiones, están mucho más lejos de lo que pensamos de la realidad y de la consecución de una vida exitosa.

Sin duda, podemos confirmar que es una suerte para nosotros haber nacido dentro del afortunado 12%. Pero ¿qué pasa con el restante 88% de la población mundial que, por desgracia, nació sin la misma fortuna que nosotros? Seres humanos que viven cada día en situaciones inimaginables para nosotros, cuyo bajo nivel de vida no experimentaron ni tan siquiera nuestros abuelos o generaciones anteriores.

Desde Indonesia, Camboya, Laos o Myanmar, pasando por la mayor parte de países africanos y dando la vuelta al mundo hasta Honduras, Nicaragua, Venezuela o Bolivia, podemos encontrar a gran parte de este 88%. Pero, ¡tampoco es necesario ir tan lejos! Hasta en tu propio país, aunque te sorprenda, hay gente que vive por debajo del umbral de la pobreza, que actualmente está delimitado a dos dólares diarios. ¡Te imaginas vivir con, aproximadamente, menos de dos euros al día!

En las próximas páginas encontrarás frases célebres y poemas escritos por personas de éxito, ya que son una buena forma de entender el mundo a través de sus ojos y son también una gran fuente de inspiración. ¿Por qué te explicamos esto ahora? Porque uno de ellos, en concreto el pequeño poema titulado *¿Qué es el éxito?*, nos ha guiado durante nuestra vida y te ayudará a entender el porqué de estas páginas.

> "Reír mucho y a menudo.
> Ganarse el respeto de las personas inteligentes,
> y el aprecio de los niños.
> Merecer el elogio de los críticos sinceros.
> Mostrarse tolerante con las traiciones de los falsos amigos.
> Saber apreciar la belleza.
> Hallar lo mejor en el prójimo.
> Dejar un mundo algo mejor,
> bien sea por medio de un hijo sano,
> de un rincón de jardín o de una condición social redimida,
> saber que al menos una vida ha respirado más libremente
> gracias a la nuestra,
> eso es haber triunfado."
> *Ralph Waldo Emerson, filósofo y poeta*

Este libro está dedicado a toda la humanidad. Pero especialmente a todas esas personas que, cuando llueve, quizás no puedan dormir sobre una cama seca; que no saben si tendrán para comer mañana o tan siquiera hoy; que, para poder beber agua potable, quizás tengan que caminar media hora; y, finalmente y aún más importante, que quizás, juntos con la ayuda de todos los que estamos en el 12%, podamos hacer que ese restante 88% tenga las mismas oportunidades en la vida que nosotros, si es así como también lo desean. Eso sí, el objetivo no es cambiarles su forma de vivir o su cultura. El objetivo es estar ahí para que sepan que estamos dispuestos a facilitarles la vida mediante mejoras como en salud, alimentación y educación. Para que así, puedan respirar y sonreír más libremente gracias a haberles ofrecido nuestra mano.

## ¿Cómo podemos conseguir este objetivo juntos?

Por nuestro lado, una parte de los beneficios obtenidos por las ventas de este libro están destinados a proyectos con diversas finalidades. Los cuales conocemos personalmente porque estamos directamente involucrados y para asegurarnos de que la contribución de todos nosotros llega a buenas manos.

Para ver en qué lugar del planeta y a qué personas hemos estado (y estamos) ayudando, puedes visitar nuestra página web:

www.thehappinessexperience.org

Esta es nuestra pequeña contribución a la humanidad, también porque creemos que la mejor forma de hacerlo es dando ejemplo. Así que ahora puede ser tu momento de pensar cómo puedes contribuir también a hacer que alguien pueda respirar mejor gracias a que tú estuviste ahí. A lo largo de este libro tendrás otras posibilidades para añadir tu granito de arena.

Un nuevo mundo se abre ante ti cuando empiezas a dar más de lo que recibes, a servir más de lo que pides. Esperamos que este libro sea el bonito comienzo de un viaje hacia una humanidad más unida e igualitaria.

# LOS CINCO PRINCIPIOS

Al final depende solo de ti el impacto que este libro vaya a tener en tu vida. Tanto si aplicas al 120% lo que vas a aprender, como si solo decides leerlo por encima o incluso si lo usas para nivelar una mesa, todas estas decisiones serán única y exclusivamente tuyas.

Por ello nos gustaría, antes de empezar, dejar claras cinco ideas básicas de lo que este libro puede llegar a hacer por ti:

1.  ¡Confidencialidad! Ayudarte a conocerte mejor. Lo que escribas en estas hojas será únicamente para ti. Con otras palabras: lo que crece en tu mente, solo tú puedes compartirlo.

2.  Abrir tu mente a lo extraordinario. Deja los prejuicios y miedos atrás. Estás ante una oportunidad única en tu vida y la mejor inversión en ti que puedas hacer.

3.  Darte ideas que pueden hacerte crecer. Aunque debes tener en cuenta que, lo que a nosotros –y a muchos otros– nos ha ayudado, no tiene porqué ayudarte a ti. Solo es una forma de nuestra experiencia compartida.

4.  Darte el impulso que necesitas para que crees la mejor versión de ti mismo. ¡Solo TÚ puedes crear tu mejor versión!

5.  Repetirte algo crucial: ¡Solo TÚ puedes crear tu mejor versión!

# CÓMO USAR ESTE LIBRO

Las hojas y cientos de palabras que tienes ahora entre tus manos no se parecen en nada a un libro convencional. En él vas a diseñar tu vida, así que siéntete libre de escribir y/o dibujar con lápiz, bolígrafo, colores… ¡Lo que más te apetezca! No tengas miedo de cometer errores. Si te equivocas, lo tachas y sigues con otras palabras o ideas. Si estás usando la versión *ebook* o eres de esos a los que no les gusta estropear los libros con bolígrafo, ¡hazlo fácil! Busca cualquier libreta o, si lo prefieres, un bonito diario y empieza a escribir ahí todo lo que salga de *El arte de vivir ahora*.

Se trata de tu pequeño laboratorio de la vida que sueñas y de la guía para crearla desde ya. Por lo que este libro no se acaba de leer y se guarda, sino que se deja en un sitio en el que puedas tenerlo a mano para consultarlo, modificarlo y te permita seguir creando para disfrutar ese regalo llamado "vida". Este libro acabará convirtiéndose en tu mejor amigo, porque al final sabrá tanto de ti como tú mismo.

Por supuesto, está diseñado para que tenga un impacto en tu vida. Esperamos que no acabe ocupando un lugar más en tu estantería. Tampoco debería darte un subidón de motivación para ponerte en acción y que, al poco tiempo de haberlo acabado y con la rutina del día a día, desistas de utilizar lo que has aprendido en él. Por ello, el objetivo final de este libro es ser vivido. Y la mejor forma de hacerlo es adquiriendo el conocimiento primero, después motivándote lo suficiente para empezar y, finalmente, adoptando el hábito para aplicarlo continuadamente.

Hay muchos libros que solo contienen información, unos pocos de estos te cuentan cómo aplicarla y muy pocos también te dan el empujón necesario para actuar. Las más de 340 páginas que tienes entre tus manos tienen como finalidad darte las herramientas que más nos han ayudado y, además, crear dentro de ti las emociones necesarias para que el conocimiento adquirido se quede grabado en tu interior y puedas llegar a usarlo, prácticamente, de forma automática.

Por último, este libro está escrito para transmitir y comunicar de forma sencilla, directa y pragmática. ¿Por qué hemos hecho esto? Porque la vida es mucho más sencilla cuando no la intentamos complicar con enrevesados procesos mentales, palabras que nunca hemos oído o hábitos imposibles de aplicar.

El libro está dividido en tres grandes capítulos:

  ◦ *Fundamentos*: una llamada a la consciencia.

  ◦ *Mis Fundamentos*: una llamada a la creación.

  ◦ *Las 100 Oportunidades*: una llamada a la acción.

Los *Fundamentos* están centrados en darte la base y las herramientas más relevantes que consideramos necesarias para que conozcas quién has sido, quién eres y quién quieres ser. En otras palabras: queremos despertar tu consciencia.
En este capítulo empezamos explicándote cuatro conceptos fundamentales: reconocer dónde vives, la diferencia entre inconsciencia y consciencia, la capacidad que tenemos de crear vidas llenas de felicidad creciente y, por último, qué es un *Día de Museo*.
Después de esto, será la primera vez que leas sobre la *Pirámide hacia la Creación de tu Vida*. Es esencial que entiendas esta parte desde el principio, así que no pases al resto del libro hasta haberlo leído al menos una vez.

Por último, en este capítulo encontrarás tres *Megaoportunidades diseñadas* para ayudarte de una forma práctica a descubrir un poco más tu *Pirámide hacia la Creación de tu Vida*. Estas tres podríamos haberlas incluido en el último capítulo del libro, *Las 100 Oportunidades*, pero el tiempo para realizarlas es mucho más extenso y el impacto que tendrán en tu vida es mucho mayor que cualquiera de *Las 100 Oportunidades*, por ello se merecen un lugar especial en los *Fundamentos*.

En el capítulo *Mis Fundamentos*, te hacemos una llamada a la creación de tu pirámide. Estas hojas están reservadas para tu *Razón de Existencia*, tu *Constitución* y, entre otros, tus sueños (habrás aprendido lo que son en el capítulo anterior, el de los *Fundamentos*). Una vez que empieces a rellenarlas, estas serán las hojas más importantes de todo el libro, ya que serán la base para crear la vida que deseas.

En el tercer capítulo, *Las 100 Oportunidades*, encontrarás hasta cien ejercicios que te ayudarán a completar la gran visión sobre tu proyecto de vida, que habrás empezado a definir en los dos capítulos anteriores.
¿Por qué los llamamos *Oportunidades* y no simplemente *ejercicios*? Principalmente, para simbolizar el magnífico privilegio que tenemos de crear la vida que soñamos. Considéralas como ejercicios que van más allá y que te van a brindar la increíble posibilidad de diseñar la vida que quieres vivir.
En otras palabras, estas son una llamada a la acción, con ejercicios de todo tipo centrados en diversos aspectos, como por ejemplo: gratitud, consciencia, creación, visualización, autoconocimiento…
O, directamente, relacionados con tu Pirámide de la Creación de tu vida. Aquí te recomendamos seguir el orden del índice, ya que están estructurados de forma que empieces por las más sencillas, y así poco a poco vayas subiendo de complejidad. Pero escúchate a ti mismo y siéntete libre de saltar por *Las 100 Oportunidades* a tu gusto.

¿Cuánto tiempo necesitas para acabar de completar *Las 100 Oportunidades*? Tardarás un poco más de tres meses en haber realizado cada *Oportunidad* al menos una vez, a un ritmo de una *Oportunidad* por día. Pero te recomendamos que te lo tomes con calma y dejes que cada ejercicio tenga un impacto en ti. ¡No es una carrera para acabar antes! Por otro lado, nuestra intención es que este libro no se acabe, sino que sea tu guía para el resto de tu vida, por lo que habrá ejercicios que repetirás o consultarás durante los próximos años.

Por último, creemos en la enseñanza con ejemplos: una de las mejores formas de entender e inspirar es a base de mostrar alternativas de cómo se pueden hacer las cosas, y así no tener que empezar desde cero. Por ello, a lo largo de los tres capítulos del libro, encontrarás una gran cantidad de ejemplos. No obstante, nuestra recomendación es que primero intentes hacerlo sin consultar los ejemplos y, si más tarde no lo tienes muy claro o te falta inspiración, los utilices.

# SPOILER ALERT

Una última nota antes de empezar con el capítulo *Fundamentos*.
A lo largo del libro hemos puesto *spoilers*. ¿Qué son los *spoilers*?
Son informaciones que anticipan lo que va a suceder, por ejemplo,
en un libro o película; en este caso van a ser sobre tu vida.
En otras palabras, en ciertos momentos del libro te anticipamos
que no habrá ningún cambio en ti, si no paras a reflexionar
y a aplicar lo que has leído.

¿Para qué sirven estos *spoilers*?

El conocimiento no aplicado no sirve más que para ocupar
espacio en nuestra mente y tiempo en nuestras vidas. La única
forma de que este libro tenga un impacto en tu vida, es
utilizando de verdad la información que ponemos a tu
disposición. Cada ejercicio es un juego contigo mismo para
crear, a partir de ¡ya!, la vida que siempre has soñado.

# FUNDAMENTOS
## Una llamada a la consciencia

"¿Dónde estás? Aquí."

Fragmento de la película: *El Guerrero Pacífico*

## ¿SABES DÓNDE VIVES?

La realidad en la que vives está creada, en última instancia, ¡solo y exclusivamente por ti! Con tu mente le das forma a cada segundo que pasas en este planeta (aunque sea ciencia ficción, la película *Matrix* tiene muchas similitudes con esta idea.

La mayor parte del tiempo vivimos, inconscientemente, en un mundo creado a partir de las influencias que otros tienen sobre nosotros, pero la verdad es que hay otra realidad paralela y más genuina creada por ti mismo. Si no crees en la barbaridad que acabas de leer, hagamos un pequeño y rápido experimento. Piensa en cuál sería tu respuesta si te preguntáramos…

¿Dónde vives?

Seguramente haya sido la ciudad o el país donde vives actualmente, o el tipo de vivienda donde habitas, o incluso quizás hayas incluido a las personas que comparten el hogar contigo.

Pero ¿qué pasaría si te dijéramos que realmente no vives en ninguno de estos sitios? Que donde realmente pasas toda tu vida es en el presente, pero que tu mente crea una *Matrix* exclusivamente para ti que te hace pasar la mayor parte de tu vida en los lugares que estuviste o en los que quieres estar, haciéndote vivir, inconscientemente, en el pasado y/o el futuro, pero no en el presente.

Esta es una de las ideas clave de nuestra forma de ver la vida y el gran propósito de este libro: hacerte comprender cuán importante es vivir el presente y, para ello, darte las herramientas para salir de *Matrix*. Si la ciencia ficción no es lo tuyo, seguramente este ejemplo no te habrá convencido mucho, así que también puedes pensar en los *influencers* de las redes sociales, por cuyos *posts* y fotos parece que viven una vida de ensueño cuando, en muchas ocasiones, su verdadera realidad es una vida totalmente distinta.

Desde los monjes budistas, teorías de moda de *mindfulness*, hasta nuevas ramas de la psicología, recibimos recordatorios de lo importante que es para nuestra salud –no solo mental, sino también física– vivir en el presente. Y llevan razón: nuestro gran propósito debería ser vivir el máximo tiempo posible en el ahora, porque ahí es donde ocurre realmente la vida.

El gran dilema ocurre cuando nuestra mente crea el espacio temporal y entonces aparece la distinción entre pasado, presente y futuro. Y es que realmente, todo está ocurriendo en este mismo instante: cualquier recuerdo pasado o imaginación del futuro los estás creando en tu cabeza en este momento.

Pero ¿por qué aparece esta confusión en nuestra mente? Porque los tres están totalmente relacionados, ya que el pasado ha creado el presente dónde estás viviendo hoy, y sin estos dos sería imposible que creases el futuro. Y cuando olvidamos esto, nuestra mente empieza a gobernar y perdemos demasiado tiempo en el pasado, en el futuro o en ambos. De forma que, en ocasiones, podemos abandonar el presente durante años o incluso durante el resto de nuestra vida.

La buena noticia de todo esto es que, si sabes cómo, eres capaz de crear tu propia *Matrix*, tu realidad verdadera. Y si aplicas lo que aprenderás en este libro, estarás más cerca de crear tu propio presente.

## EL PASADO

Seguro que conoces personas que dedican la mayor parte de sus pensamientos a tiempos pasados. Su presente se basa en recordar momentos que ya ocurrieron o en transformar el poco recuerdo que les queda de ellos, ya que la mayoría de las realidades pasadas suelen llegar a ser contadas tantas veces que se desfigura lo que algún día realmente fueron.

Esto es más común conforme nos hacemos más mayores, ya que habremos vivido más experiencias de las que nos queden por vivir. Seguro que has escuchado alguna vez a tu abuela o a algún profesor hablar de lo bien que se vivía antes o de todo lo que era mejor en el pasado, o a personas que, tristemente, se pasan la vida recordando errores pasados. Esto ocurre porque existen dos tipos de nostálgicos: los positivos y los negativos.

Puede que ahora te estés preguntando: "¿Por qué no es bueno vivir en el pasado, si son bonitos recuerdos?". Ciertamente, todo lo que hoy eres se lo debes a tu pasado así que revivir el pasado es beneficioso; lo que es perjudicial es vivir en él. Esto es así porque la mayoría de las veces que volvemos al pasado lo hacemos para recordar tiempos mejores al actual, intentando huir hacia esas memorias y así hacer que el presente pase más rápido o incluso inadvertido.

Imagínate que la barra de abajo representa todo un día de una persona (también podría ser un año o incluso toda una vida). Una persona que vive en el pasado, a la que llamaremos "nostálgico", quedaría representada de la siguiente forma:

NOSTÁLGICOS

PASADO

PRESENTE   FUTURO

# EL FUTURO

Por otro lado, están las personas que no paran de soñar, las que continuamente van detrás de un objetivo que nunca acaba. Piensan que solo serán felices cuando lleguen a su destino, para luego darse cuenta de que cuando lo han conseguido, no es lo que esperaban o es insuficiente, y enseguida se ponen en busca de uno nuevo.

En esta categoría, como ejemplo, están las personas que a toda costa quieren ser ricos, pero que cuando tienen dinero más que suficiente para vivir una vida extraordinaria, siguen pensando en acumular más. En este grupo de personas también tenemos a los dramáticos, que son aquellos que solo ven los problemas y desastres que podrían ocurrir, por lo que viven constantemente con miedo (en balde, porque la realidad es que el 99% de esos inconvenientes no llegan a suceder nunca). Todas estas personas dejan de estar en la realidad del momento presente, para pasar a vivir en un mundo imaginario, en su propia *Matrix*. Al igual que con el pasado, en este caso tenemos otra vez personas que ven el futuro mayoritariamente positivo o negativo.

En este caso, si repetimos la gráfica anterior, pero con una persona que vive en el futuro, a la que llamaremos "futurista", nos quedaría el siguiente gráfico:

FUTURISTAS

¿Te has identificado con algunos de estos patrones? Si es así, no te preocupes, durante el libro vamos a prepararte para cambiar los colores de la barra de tu vida.

Resulta increíble cómo muchos de nosotros desperdiciamos nuestra vida en momentos pasados ya vividos o en escenarios futuros que probablemente nunca ocurrirán, en vez de hacerlo donde realmente ansiamos vivir: en el momento actual.

¡No nos entiendas mal! Saber viajar al pasado y al futuro es fundamental, pero solo si es con billete de ida y vuelta y en las ocasiones imprescindibles. Dedicar tiempo de forma consciente al pasado y al futuro, es una herramienta muy poderosa que te puede ayudar a crear un presente mucho más exitoso. Para ello hemos creado el último capítulo del libro, *Las 100 Oportunidades*, donde encontrarás cien ejercicios divididos según los tres momentos temporales en los que ocurre tu vida: pasado, presente y futuro. Y para ser coherentes con lo que hemos explicado hasta ahora, la mitad de estos ejercicios están dedicados a vivir más en el presente. En la otra mitad, encontrarás veinte ejercicios para el pasado y treinta para el futuro, para así dominar conscientemente estos dos tiempos.

¿Por qué es importante saber viajar correctamente al pasado?

Saber viajar al pasado en las ocasiones correctas es vital por diversas razones, entre ellas: saber cultivar tu gratitud, reconocer de dónde vienes y entender tu punto de partida actual. El pasado te da una base ideal sobre la que crecer.

¿Por qué es también vital saber viajar debidamente al futuro?

Viajar al futuro es fundamental por diversos motivos, entre ellos porque la única forma de crear la vida que ansías es visualizando qué futuro quieres en el presente. Además, saber conectar emocionalmente con él, será tu guía perfecta para saber qué hacer y cómo vivir cada día presente de tu vida.

# EL PRESENTE

¿Qué es realmente el presente? El presente no es más que el filo infinitesimal que divide el pasado del futuro, como el bisturí que corta el tiempo. Estrictamente hablando, el presente no es esta semana, ni hoy, ni la hora que marca tu reloj ahora mismo; ni siquiera este minuto. El presente es tan solo esa fracción de segundo que ocurre mientras el futuro se va convirtiendo instantáneamente en pasado.

Vamos a hacer un pequeño ejercicio de reflexión e imaginación para entender mejor qué es el presente. Imagina que la siguiente línea de puntos representa el minuto que estás viviendo mientras lees estas palabras. El punto más grande sería tu presente, todo lo demás pasado y futuro:

Ahora imagínate 4.265 libros como este; imagínate el espacio que haría falta para guardarlos. Además, imagina que cada una de las más de 300 hojas de estos libros, estuviese únicamente rellenada con puntos como la línea anterior. ¡Un total de casi 1,3 millones de páginas solamente con puntos! No te preocupes si los números grandes te marean un poco, ya vamos a dejar a un lado esta imaginación.

Con los estándares actuales de esperanza de vida, el presente de una persona es justo ese punto en grande de la línea; un punto en más de 2.500.000.000 segundos o filos infinitesimales.

Lógicamente, es prácticamente imposible vivir el presente de esta forma tan específica durante toda la vida. El objetivo no será buscar la perfección, sino la maximización de momentos en el presente. Por ello, cuando hablamos de vivir en el presente en el libro y en tu vida, debes entenderlo de una forma más práctica, como la siguiente...

## ¿Qué quiere decir vivir en el aquí y en el ahora?

Seguro que has oído muchas veces esta frase, "vivir en el aquí y en el ahora", de hecho es equivalente a vivir realmente el presente. Para explicártelo de forma práctica, vamos a introducirte uno de los métodos que usamos para que este libro tenga un impacto importante en tu vida: hacerte reflexionar con preguntas.

¿Te acuerdas de cuándo fue la última vez que estuviste jugando con tus amigos y se pasó el tiempo volando? ¿O cuándo estuviste en una conversación tan interesante que no te diste cuenta de qué pasaba a tu alrededor? ¿O cuándo estuviste por última vez entretenido con tu afición preferida y las horas pasaron como si hubiese sido un instante? ¿O cuándo esa comida tenía un sabor tan increíble que tu boca parecía una fiesta de sabores? ¿O cuándo fuiste capaz de dejar el móvil en casa por una vez y dar un paseo por la playa sin pensar en nada? Cualquier respuesta a este tipo de preguntas, sería equivalente a vivir en el aquí y en el ahora. ¡Bienvenido a tu presente!

Así que, si aprendes a usar el pasado y el futuro de forma acertada, tendrás el tiempo necesario para lo que realmente importa: ¡vivir el presente! Y entonces serás una persona a la que llamamos "consciente" y disfrutarás de los días, los años y la vida como en esta última barra:

CONSCIENTES

PASADO    PRESENTE    FUTURO

Vive como si no hubiese un "mañana", de lo contrario,
un día ya será demasiado tarde.

Nos hemos acostumbrado a vivir en el pasado y en el futuro, olvidándonos de vivir lo que realmente vale la pena: el presente. Si empiezas a vivir en el presente, te darás cuenta de que la cobardía, la timidez, la ira o la pena desaparecerán de tu ser, ya que lo único que te importará es como te sientas ¡ahora!

Cuando vives en el presente, el tiempo deja de existir y realmente no te cuestionas si estás disfrutando o siendo feliz, porque simplemente lo eres. Nuestro gran deseo es que aprendas todo ello en este libro.

## Y TÚ, ¿DÓNDE VIVES HOY?

En la mayoría de las ocasiones, el cambio empieza en el momento en que te das cuenta de tu situación actual. Por ello ahora queremos que te observes a ti mismo antes de rellenar la siguiente barra.

Sé honesto contigo, recuerda los cinco principios del libro que te hemos explicado en la página 9, y rellena la barra con el tiempo que crees que estás en el pasado, en el presente y en el futuro. Puedes usar como referencia un día habitual en tu vida. Lógicamente, se trata de un análisis aproximado y subjetivo, ya que es complicado medir a ciencia cierta cuánto pasas en cada tiempo, pero te servirá para despertar a tu consciencia y llegar a conocerte mejor.

Dónde paso mi tiempo a día de __ / __ / ____

|  |  |  |
| --- | --- | --- |
| PASADO | PRESENTE | FUTURO |

Como habrás comprobado, las palabras a veces tienen sus límites y las representaciones en imágenes y números pueden ayudarte a captar mucho mejor una idea. A lo largo del libro encontrarás muchos más ejemplos de este tipo.

Toma el hábito de volver a esta página durante los próximos meses y observar dónde inviertes tu presente, ya que donde lleves tu atención, es donde crearás tu vida.

"Recuerda una de las leyes:
que a todo lo que le das tu atención, crece.
La atención es un elemento que ayuda al crecimiento.
Si le prestas atención a algo, crece más."
*Osho, maestro espiritual y profesor*

# DE LA INCONSCIENCIA A LA CONSCIENCIA

Seguro que has escuchado alguna vez las palabras consciencia e inconsciencia a lo largo del libro también las usamos con frecuencia. Por ello, antes de seguir, nos gustaría explicarte qué significado tienen estas dos palabras para nosotros.

En ambos conceptos estamos hablando de la forma en la cual tú, como persona, te relacionas con el mundo que te rodea, reflexionas sobre él y sobre tu papel en él.

La principal diferencia entre ambos conceptos es si todo esto está en tu mente de forma activa (consciencia) o está desarrollándose en ella sin darte cuenta (inconsciencia). En otras palabras, si hay un diálogo interno contigo mismo que guía tus pensamientos, tus emociones y tu vida de manera voluntaria, hablamos de consciencia; mientras que si esa voz interna te mueve sin darte cuenta, hablamos de inconsciencia.

A modo de resumen, cada vez que leas estas palabras podrías sustituirlas por las siguientes:

$$consciencia = dándote\ cuenta$$

$$inconsciencia = sin\ darte\ cuenta$$

Como ya has leído anteriormente, una muy buena forma de entenderlo mejor es usando ejemplos de la vida real.

Como primer ejemplo tomemos tu forma de relacionarte con tu entorno. Seguro que recuerdas una conversación con alguna persona en la que tu cuerpo estaba presente pero tu mente estaba rondando otros temas o incluso en tu *smartphone*; en ese caso, te estabas relacionado inconscientemente con esa persona. En cambio, seguro que en otros momentos era tan interesante lo que decía la otra persona que tu mente estaba totalmente atenta a cada palabra y gesto, es decir consciente.

Pero no es necesario tener a otra persona cerca para pasar por ambos estados. ¿Alguna vez has notado dolor de cabeza o algún malestar mucho tiempo después de haberse originado? El dolor físico puede manifestarse inconscientemente, hasta que llega a un límite en el que tu mente convierte el dolor en consciente y entonces tomas una decisión voluntaria, como tomarte un descanso o algún remedio para tratar el dolor.

El siguiente ejemplo está relacionado con la capacidad que tienes de reconocer tu papel en este mundo. ¿Recuerdas haberte dado cuenta de que no querías algo, justo después de haberlo alcanzado? En esa ocasión tu objetivo era inconsciente, lo definiste sin pensarlo realmente. En cambio, seguro que a lo largo de tu vida también has escogido objetivos de forma atenta y sabiendo que era exactamente eso lo que querías; en ese caso, usaste tu consciencia. Pongamos un ejemplo aún más concreto: escoger por ti mismo la carrera universitaria que deseas estudiar es un objetivo fijado de forma consciente, mientras que estudiar aquella que tus padres o profesores quieren para ti, es un objetivo escogido de manera inconsciente.

Cada día tomas cientos de decisiones que te llevan de la inconsciencia a la consciencia, y viceversa, constantemente. Como por ejemplo cuando vas a cenar con unos amigos y en mitad de la cena te das cuenta de que no querías estar ahí. O al revés, cuando decides ir a cenar con tus amigos y dejáis el móvil en modo avión para escuchar todo atentamente. Este libro está hecho para transformar en consciente la parte de tu vida que vives de manera inconsciente; desde las más pequeñas, hasta las más grandes decisiones.

## NUNCA DESISTAS, TODOS VIVIMOS LA MISMA VIDA

Acostumbramos a pensar que la vida fue mejor en tiempos pasados o, por lo contrario, esperamos que el futuro nos depare algo mejor que hoy. Tenemos un sesgo mental que tiende a ver el jardín del vecino más verde, pensando que nuestra situación actual es un vaivén de subidas y bajadas en la rueda de la felicidad. ¡Sí, somos felices!, pero solo en algunas ocasiones, ya que cuando llega el domingo o se acaban las vacaciones, nuestra curva de felicidad vuelve a caer.

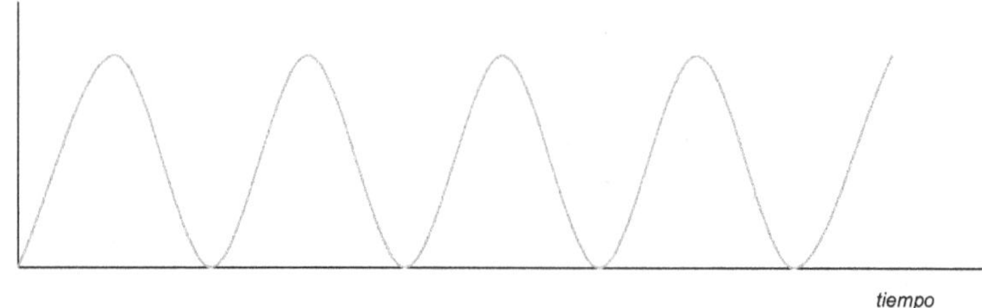


Como un hámster en su rueda, corremos y corremos, pero nunca llegamos a conseguir la ansiada perfecta felicidad. Porque nos hacemos creer que la vida es como un partido de fútbol, creemos que vivir es un juego finito, que se acaba cuando uno consigue marcar más goles o en este caso cuando sentimos que hemos superado a otros por creer que vivimos mejor que ellos. No nos damos cuenta de que la vida es un juego infinito: no se vive la mejor vida, no se es el mejor hermano, no se es el mejor estudiante... Porque el juego de la vida no se acaba, es algo que se hace de forma continua, infinitamente.

Nos gusta ver este modelo de la vida de otra forma: cada vez que conquistamos un sueño o un objetivo, cada vez que disfrutamos del presente y nos sentimos plenos, cada vez que hacemos que alguien se sienta mejor (aunque sea solo un poquito) gracias a nuestra ayuda, nuestra curva de felicidad se mueve de tal forma que nunca llega a estar más baja que de lo que estuvo anteriormente. Y entonces vivimos vidas de crecimiento potencial (en este caso, la línea superior).

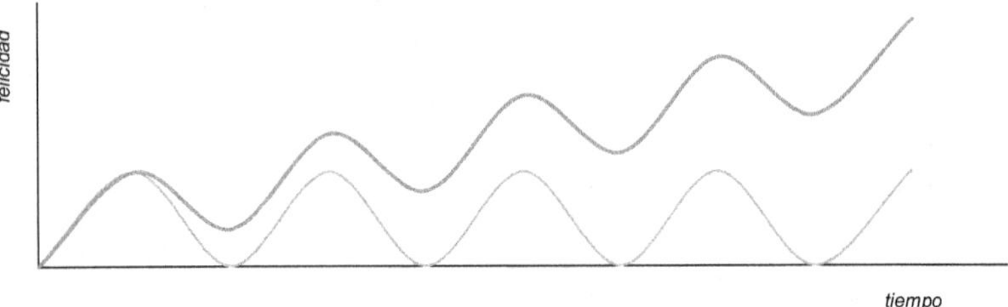



¡Sí! Todos pasamos por etapas duras, baches, momentos espinosos, infelicidades, pérdidas… hasta depresiones. ¡Sí! Cada uno de nosotros tiene sus propias tinieblas, pero no es necesario sentirse especial por tener pesadillas. Ya que si queremos, siempre somos capaces de resurgir de las cenizas, más fuertes y plenos de lo que éramos antes de convertirnos en ellas.

El ser humano, nosotros, tú… Todos tenemos la capacidad de crear con nuestras propias herramientas un mundo de felicidad creciente.

No olvides esto nunca, sobre todo en los momentos más duros, cuando estés en medio de la tormenta, desorientado, perdido en rememorar el pasado o mudándote al futuro; cuando te sientas solo y no encuentres salida… Recuerda que todos pasamos por lo mismo, que siempre hay esperanza, que no estás solo en este juego llamado vida, que saldrás de los huracanes con más fuerza que nunca y que, gracias a ello, tu curva de felicidad volverá a crecer más alto y llegará más lejos de lo que jamás pudiste imaginar.

## EL MUSEO DE __________
(tu nombre)

¿A que sería bonito tener un museo con tu nombre? ¿Tener un lugar lleno de belleza y creatividad? Estamos hablando del concepto de museo como conoces, lleno de obras de arte como cuadros, esculturas o artefactos, solo que en el museo con tu nombre, las obras representan tus *Días de Museo*.

### ¿Qué es un *Día de Museo*?

Imagínalo: un museo de tu vida, en el que cada elemento expuesto representa algún día increíble, bello, lleno de gratitud y alegría de tu vida. Cierra los ojos y visualiza el bonito lienzo en el que están representados aquellos días que pasaste con tu familia en la playa. Mira: ese mágico día en que besaste por primera vez a tu pareja ha sido esculpido en una bonita escultura de mármol. Incluso ese día en el que, aun sin hacer nada especial, sentiste no necesitar nada más y te encontraste a gusto contigo mismo... Ese día también está representado en una obra de arte moderno.

Ahora imagina que estás al final de tu vida y tienes la oportunidad de recorrer este museo solo o acompañado. ¿Cómo te gustaría que fuese? ¿Una sala en un pequeño sótano sin apenas ventanas ni obras de arte? ¿O un museo como el Prado o Louvre, lleno de pasillos y galerías a rebosar de cuadros, esculturas, artículos exóticos de tus viajes o lo que tu imaginación quiera inventar? Todas estas obras representan los cientos de *Días de Museo* que tuviste.

A partir de hoy, al final o incluso durante el día, reflexiona sobre cómo ha sido tu día y si se merece entrar en tu museo de la vida. En tu diario, agenda, calendario, o incluso en tu ordenador o móvil, marca un pequeño círculo o símbolo que represente tu museo; también puedes usar el acrónimo *DDM* (*Día de Museo*).

De esta forma, tendrás un bonito recuerdo para tu propio museo y, además, al cabo de un tiempo podrás observar qué hay en común en todos estos grandes días para así poder crear más de esas bellas obras de arte. Además, una vez que te des cuenta de qué te hace feliz, será más fácil seguir con esos hábitos, y entonces el éxito dependerá de aprovechar el momento. Cada vez que marques un *Día de Museo*, te estarás dando cuenta de lo que eres capaz de conseguir, y de repente tendrás una cadena de *Días de Museo* y tu trabajo, será simplemente, no romper esa cadena.

La capacidad de crear bonitas obras para tu museo depende únicamente de ti. Ahora recuerda lo que hemos dicho de que el conocimiento solo es útil si se aplica, y verás que este es un buen momento para empezar a dibujar, pintar, escribir… Para dejar que tu memoria viaje en el tiempo y así puedas reflexionar sobre un *Día de Museo* que hayas tenido recientemente.

Utiliza la siguiente hoja para expresar ese día de la manera que más te apetezca. Si no te salen frases o un texto en prosa, no pasa nada, simplemente escribe algunas palabras que te vengan a la mente relacionadas con ese día. Por último, recuerda que todo lo que plasmes en estas hojas es solo para ti, así que, si no eres un gran artista, no te preocupes por hacer unos simples garabatos: mientras tú entiendas el significado, será más que suficiente.

Mi primer *Día de Museo*

## LA *PIRÁMIDE HACIA LA CREACIÓN DE TU VIDA*

Desde el día en que nacimos hasta el día de hoy, hemos estado escuchando cientos de voces de otras personas: padres, abuelos, hermanos, amigos, compañeros del colegio o de trabajo, profesores, famosos, presentadores de televisión, estrellas del deporte y del cine… hasta tal punto, que muchos de nosotros hemos dejado de escuchar nuestra propia voz. No se trata de negro o blanco, seguro que tuviste momentos en los que escuchaste tu voz interior con tanta claridad y en los que olvidaste por completo el ruido exterior, que descubriste muchos aspectos de tu vida que creías desconocidos. Aun así, este estilo de vida nos conduce al estado de supervivencia guiados casi únicamente por las muchas voces de otros.

> ¿Sigues realmente el camino creado por ti en tu vida
> o sigues una combinación de muchos otros caminos?

Un cambio de estilo de vida requiere volver a escuchar esa voz interna, no la que viene de fuera de tus oídos sino la que pasa contigo 24 horas todos los días de tu vida. Esto al principio puede resultar extraño, pero con la práctica y actitud adecuada puedes empezar a crear la vida que quieres en vez de sobrevivir a la que te dan.

Nos gusta ilustrar las herramientas básicas para que puedas empezar a ser guiado por tu propia voz. Ahora vamos con una pirámide de seis niveles, empezando por la base –que son las acciones–, hasta llegar a la cima –donde se encuentra la *Razón de Existencia*–. Cada nivel representa una comprensión mayor de ti mismo y de la realidad que te envuelve.

¿Por qué una pirámide? Porque para llegar a la cima, es necesario que cada nivel anterior tenga una base suficientemente grande y fuerte para construir con estabilidad los siguientes niveles. Y al revés, por muy bien preparada que esté tu base, si no sabes qué quieres poner en la cima, no tendrá sentido seguir construyendo. A continuación te explicamos con más detalle la importancia de que una pirámide esté completa y sea integral en todos sus niveles.

Seguro que conoces personas que tienen muy claros los últimos niveles de la pirámide pero les falta la base para crearla. Por ejemplo, alguien que conoce su *Razón de Existencia* (es decir el porqué de existir en este planeta), pero luego no lleva a cabo las acciones y objetivos necesarios para crear la base de la pirámide, y de esta forma nunca llega a disfrutar de su *Razón de Existencia*. Este sería el típico caso de aquella persona que aun teniendo muy claro y que entre sus valores está el emprendimiento y aun sabiendo conscientemente que su gran sueño es tener su propio negocio, sus objetivos y acciones diarias le hacen continuar con su trabajo de oficina monótono de 9:00 a 17:00, sin llegar a tomar nunca la decisión de conectar todos los niveles de su pirámide.

En cambio, seguro que también sabes de personas que se pasan la vida en la parte inferior de la pirámide persiguiendo objetivos y realizando cientos de acciones que los llevan a una realidad distinta a la que realmente ansiaban en su interior; en ocasiones, persiguiendo los sueños de otras personas. En el caso de estas personas, no se enfocan en los niveles superiores de su pirámide ya que no dedican tiempo a escucharse a sí mismos ni a descubrir qué les apasiona, hasta que, al cabo de unos años, terminan descubriendo que ese no era el tipo de vida que realmente querían. Para estas personas, los tres niveles superiores –e incluso el cuarto– permanecen totalmente ocultos durante sus vidas. Un ejemplo común es cuando le preguntan a un joven a qué quiere dedicar su vida y responde: "Nunca me había preguntado eso" o "Lo que estudian mis amigos o hicieron mis padres". Y así, seguramente, realizarán cientos de acciones en su vida, pero sin dirigirse hacia donde desearían de verdad.

Por ello, saber definir y, sobre todo, saber indagar en tu interior, es vital para llevar una vida de acciones y objetivos alineada con tus valores y motivaciones más profundas. Así que cuando definas más adelante los niveles de tu pirámide, ten en cuenta que, cuanto más relacionados estén entre ellos, mejor será el resultado que conseguirás en tu vida.

Quizás conozcas ya algunos niveles de tu pirámide o quizás sea la primera vez que veas algo así y empieces a cuestionarte hasta qué punto te conoces realmente. De una u otra forma ¡no te preocupes! La *Pirámide hacia la Creación de tu Vida* es una actividad para realizar durante toda la vida.

Por esa misma razón, difícilmente conseguirás rellenar todos los niveles de una sentada. Porque, para empezar, no se trata de completar una tarea como en el colegio o en el trabajo donde el objetivo es marcar *check*. Si no que se trata de un ejercicio continuo, en el que al menos una vez al año tendrás que repasar los niveles superiores de tu pirámide para ir adaptándola según cambies como persona y según vayas afinando tu auto-observación.

La mejor forma de empezar es reservándote unas horas de tiempo exclusivamente para ti y teniendo en cuenta los dos siguientes puntos:

- Primero que todo, elimina todas las distracciones posibles. Es una tarea para hacer solo. Crea un espacio de tiempo abierto en el que no tengas ninguna cita o tareas pendientes y aleja el móvil de ti lo máximo posible.

- Segundo, busca un sitio que te inspire. Puede ser el sofá de tu casa, cerca de la playa o el monte; cualquier ambiente que te haga sentir bien contigo mismo.

Considera la primera sesión como un borrador. Si no consigues rellenar todos los niveles, no te estreses ni seas demasiado duro contigo. Conforme vayas realizando más sesiones, repasarás lo que has escrito, completarás y perfilarás cada detalle, porque cada palabra podrá tener un efecto distinto en el significado final.

Como hemos mencionado antes, no te pongas una fecha límite para acabarlo totalmente. Considera la primera sesión, como un borrador o una versión 1.0 de tu pirámide y ve actualizándola cada año o conforme vayas sintiendo la necesidad. De hecho, en tu primera versión puedes utilizar un lápiz para poder cambiarla más fácilmente después; cuando estés en una versión casi final, utiliza un bolígrafo o incluso rotuladores de colores.

Por consiguiente, tanto si ya conoces los niveles de tu pirámide como si estás totalmente perdido, tómatelo como una oportunidad única de invertir tiempo en lo más importante que hay en tu vida: tú mismo.

Sea cual sea tu situación, el resto del libro está preparado para ayudarte a reflexionar más allá de esta primera explicación de la *Pirámide hacia la Creación de tu Vida*. Por un lado, encontrarás las tres *Megaoportunidades* en las que generarás ideas para cualquiera de los seis niveles de la pirámide. Por otro lado, el capítulo final del libro contiene *Las 100 Oportunidades* o ejercicios que hemos relacionado con sus respectivos niveles de la pirámide.

En las siguientes hojas está descrito cada nivel de la pirámide en detalle, así esclarecerás un poco más de qué trata cada uno de ellos. Como verás en los ejemplos que hemos incluido para cada nivel, están escritos en primera persona y la mayoría en el tiempo presente, hazlo así cada vez que tú escribas y de esta forma tendrá un mayor impacto. Evita escribir frases condicionales o usar el subjuntivo. Para conectar mejor con tus emociones, utiliza el máximo número posible de adjetivos, sobre todo cuando estés realizando visualizaciones.

En principio, deberías ir de lo global (niveles superiores) al detalle (niveles inferiores). Es decir, cuando descubras qué valores te definen podrás fijar acciones que estén en concordancia. Si lo realizas en sentido contrario, hay una alta probabilidad de que las acciones que definas no estén alineadas con tus sueños o valores y, por consiguiente, acabes persiguiendo objetivos insignificantes para ti. Esta es nuestra recomendación para empezar, pero si a lo largo de las sesiones te encuentras atascado en algún nivel, no dudes en moverte por la pirámide y bajar o subir niveles como tú necesites. Por ejemplo, reconocer las acciones con las que disfrutas en tu día a día te puede ayudar a definir sueños relacionados con estas.

Finalmente, vas a ver que en las siguientes hojas no tendrás espacio para escribir tu pirámide, esto es así porque consideramos tan importante este cometido contigo mismo que hemos creado el capítulo *Mis Fundamentos*, donde tendrás suficiente espacio para reunir todos los niveles de tu pirámide, de manera que te sea más fácil consultarlos cuando lo necesites.

Eso sí, no te limites al espacio que te hemos dejado; tampoco te fuerces a rellenarlo totalmente. En el trabajo contigo mismo no hay "correcto" o "incorrecto", la cantidad de palabras que necesites dependerá únicamente de ti.

¡Ahora sí! Ha llegado el momento de que descubras en detalle la *Pirámide hacia la Creación de tu Vida*. Sin duda, la parte más importante del capítulo *Fundamentos*.

## ▲ RAZÓN DE EXISTENCIA

Se trata de una expresión que define al 100% el motivo por el cual tienes la oportunidad de vivir en este planeta. Es tu estrella polar, que te ilumina el camino de lo que deseas más que cualquier otra cosa. Te quita las excusas y hace que te despiertes cada mañana de un salto y dispuesto a darlo todo ese día. Podría ser incluso un sustituto de tu nombre. Es ese conjunto de palabras que define la razón por la que vives tu vida. Es pasión en estado puro. Es tu propósito para tener un impacto en este planeta y en la gente que vive en él.

Descubrir tu *Razón de Existencia* es imprescindible para llevar una vida digna de ser vivida cada segundo al máximo. Puede llevar años conocerla, o puede que ya la sepas desde muy joven. Da igual el tiempo que necesites para encontrarla: será el faro que guíe todo lo demás que hagas en la vida. Generalmente tenemos una sola *Razón de Existencia* y la mantenemos para toda la vida. Aun así, podrías tener alguna más y necesitar cambiarla o refinarla a lo largo de los años. Este quizás sea el nivel donde cada palabra de la definición es vital y puede cambiar totalmente el significado.

Tanto si es la primera vez que te preguntas cuál puede ser tu *Razón de Existencia* como si ya tienes alguna idea bastante clara, lee a continuación las preguntas y ejemplos que te hemos dejado para que puedas desarrollar tus ideas o refinar la definición de tu *Razón de Existencia*. Estos dos métodos (preguntas y ejemplos) los encontrarás en cada nivel para indagar de una forma más práctica.

Primero, utiliza las siguientes preguntas para ayudarte a comenzar el diálogo interior contigo mismo. No tienes que contestarlas ahora, utiliza los próximos días para prestar atención a cada pensamiento y palabra que te venga a la mente en relación a estas preguntas.

- ¿Cuál es el motivo por el que estoy en este mundo?

- ¿Por qué tengo este gran regalo llamado "vida"?

- Si solo pudiese recordar una cosa de mi vida, ¿cuál sería?

- ¿Qué actividades, personas y lugares me hacen sentir bien?

- ¿Qué me ha hecho levantarme hoy de la cama?

Segundo, te hemos dejado algunos ejemplos de *Razón de Existencia*, si crees que estos van a influenciar tu diálogo interno, mejor léelos después de haber creado una primera versión de tu *Razón de Existencia*.

Vivir cada día sabiendo que otras personas vivieron mejor gracias a mí.

Formar una familia llena de amor y gratitud, y de la que pueda estar orgulloso.

Ganarme la vida haciendo lo que amo.

Como te hemos comentado antes, tu *Razón de Existencia* podría ser hasta un sustituto o sinónimo de tu nombre:

Santi = enamorado de la libertad y belleza de la naturaleza.

Belén = utilizar mi creatividad y arte para inspirar a otros.

Todos los niveles de la pirámide son muy personales, así que usa palabras y dale el significado que tú entiendas. No intentes usar un vocabulario más culto, refinado o que no vaya con tu forma de ser. De hecho, tendrá mayor impacto cuanto más especial sea para ti.

Como puedes leer en el siguiente ejemplo, esta frase puede tener varios significados: desde vivir en algún lugar cálido, hasta tener un *hobby* al aire libre que dé para vivir, o incluso ambas. Lo importante es que la persona que la haya definido, entienda su significado.



Ahora utiliza el espacio que te hemos dejado en el capítulo *Mis Fundamentos* (página 97) para empezar a crear las primeras ideas, palabras o dibujos de tu *Razón de Existencia*. Vuelve a estas hojas cada vez que vayas a revisar tu *Razón de Existencia* o cuando necesites inspiración para ella.

## ▲ *CONSTITUCIÓN*

Consiste en el conjunto de normas fundamentales que rigen la forma en que vives. A estas normas las llamamos también creencias. Se asimila a la Constitución de un país, con sus respectivos artículos que rigen cómo debe comportarse la sociedad. En este caso, se referirán a cómo tú te comportas.

Tu *Constitución* constituye el mapa de tu vida, por ello es clave conocer aquellas creencias que guían tu vida; de lo contrario, posiblemente estarás caminando en sentido contrario al que quieres. Como ejemplo, imagínate que estás en Lisboa con un mapa de Barcelona y crees que estás utilizando el mapa correcto. ¿Cuánto tiempo tardarías en llegar a tu destino? Seguramente una eternidad y ese es justamente el tiempo de vida que no tienes.

Conocer tus creencias te ayudará a que cada nivel inferior de la pirámide (valores, sueños, objetivos y acciones) esté bien dirigido. Al mismo tiempo, tu *Constitución* estará muy relacionada con tu *Razón de Existencia*, aunque no todas tus creencias deban tener directamente un vínculo con esta.

Para acabar con la definición, estas normas son bastante rígidas y seguramente permanecerán en tu vida mucho tiempo, pero, como toda Constitución, podrá ser modificada a lo largo del tiempo para amoldarla a los cambios de tu vida.

Antes de darte unos ejemplos, quizás te estés preguntando: "¿Cómo es mi *Constitución* llevada a la práctica?" Si la *Razón de Existencia* es una o dos frases, considera tu *Constitución* como de dos hasta ocho frases que te definan lo más ampliamente. Cuando hablamos de "frases", también nos referimos palabras, ya que a veces una palabra tiene tanto significado personal como toda una frase.

A continuación te dejamos una pregunta para despertar a tu subconsciente y averiguar qué podrías incluir en el apartado de tu *Constitución*. Recuerda que más adelante, en el capítulo de *Las 100 Oportunidades*, también encontrarás varios ejercicios relacionados con este nivel.

- Intenta recordar alguna conversación en la que tuviste un punto de vista diferente al de los demás. ¿Qué tipo de ideas estabas defendiendo a toda costa?

Ahora sí, te mostramos algunos ejemplos de creencias o artículos para tu *Constitución*. En el capítulo del libro *Mis Fundamentos* (páginas 98-101) encontrarás espacio para escribir los tuyos. Cuando estés escribiendo, recuerda usar frases en presente y en primera persona.

Creencia 1: Para ser feliz, apenas necesito cosas materiales, solo lo mínimo imprescindible.

Creencia 2: Encuentro alegría y diversión en cualquier faceta de mi vida.

Creencia 3: Doy el 120% en cada momento de mi vida.

Creencia 4: Mi cuerpo es un templo.

Esta última, como te hemos explicado, también podría ser definida con una sola palabra.

Creencia 4: Mi cuerpo es un templo = salud.

Recuerda que algunas o todas tus creencias deberían estar directamente relacionadas con tu *Razón de Existencia*. Siguiendo el ejemplo de la *Razón de Existencia* de Belén, que te hemos mostrado antes, esta sería una creencia relacionada:

*Razón de Existencia*: Utilizar mi creatividad y arte para inspirar a otros.

Creencia relacionada: El arte es la mejor forma de expresar sentimientos.

## ▲ VALORES

Los valores representan la aplicación de tu *Constitución* a la vida real. En otras palabras, en esta parte de la pirámide traducirás las creencias que rigen tu vida en sencillas frases con impacto directo en tu día a día.

Conforme vayas bajando niveles, al tener más espacio en la pirámide, crearás más contenido. De esta forma, tendrás más valores que creencias, del mismo modo que tus creencias son más numerosas que tu *Razón de Existencia*. Eso quiere decir que, por cada creencia definida en el nivel anterior, podrías tener dos o más valores.

Ten en cuenta que ahora mismo no tienen por qué representarte todos y cada uno de los niveles que has definido. Tampoco serás las 24 horas del día como estés definido en tu *Pirámide hacia la Creación de tu Vida*. Para entenderlo mejor, te dejamos un ejemplo: Una persona que en su *Constitución* tiene el valor de llevar una vida sana, seguro que también tendrá días en los que se saltará su dieta, pero no por ello dejará de ser una persona sana.

En general, es muy importante que los definas conscientemente cada uno de los niveles, de esta manera los harás más presentes en tu diálogo interior y así la próxima vez que tomes una decisión lo harás con el mapa adecuado.

Para entender mejor qué son los valores, te hemos dejado una pregunta que te puedes hacer para descubrirlos.

- ¿Qué comportamientos realizo o necesito realizar en mi día a día para cumplir con lo que he definido en mi *Constitución* y *Razón de Existencia*?

Por supuesto, en las siguientes líneas tienes ejemplos de valores que están relacionados con los modelos de creencias anteriores.

**Creencia 1:** Para ser feliz, apenas necesito cosas materiales, solo lo mínimo imprescindible.
**Valor 1.1:** Compro solo aquello que me es necesario.

**Creencia 2:** Encuentro alegría y diversión en cualquier faceta de mi vida.
**Valor 2.1:** Busco lo positivo de cada situación, buena o mala.
**Valor 2.2:** Al menos una vez al día me río a carcajadas.

**Creencia 3:** Doy el 120% en cada momento de mi vida.
**Valor 3.1:** Aprovecho mi tiempo libre para actividades de las que aprendo.
**Valor 3.2:** Sé hacer pausas para calmar mi cuerpo y mente.

**Creencia 4:** Mi cuerpo es un templo.
**Valor 4.1:** Yo no bebo alcohol, yo no fumo ni consumo drogas.
**Valor 4.2:** El deporte es una parte fundamental de mi vida.
**Valor 4.3:** Tener una dieta sana y equilibrada forma parte de mi día a día.

Por último, tanto la *Megaoportunidad* del pasado (página 71) como el capítulo *Las 100 Oportunidades*, te ayudarán a conocer un poco mejor tanto tus valores como tu *Constitución*. Pero de momento, aprovecha la inspiración que acabas de adquirir y ve al capítulo *Mis Fundamentos* (páginas 98-101) para empezar a diseñar tus valores acorde a las posibles creencias y *Razón de Existencia* que ya tengas escritas.

# SPOILER
# ALERT

Si no has empezado a pensar y escribir alguno de los niveles
de la pirámide que te hemos planteado hasta ahora,
dedícale tiempo antes de pasar a la siguiente página.
En caso contrario, te podemos asegurar
que todo lo que leas a partir de ahora
va a tener poco impacto en tu vida.

## ▲ SUEÑOS

Los sueños son las imágenes y vídeos en tu mente de lo que ansías y deseas que aparezca en tu vida. Son aquellos sucesos que te hacen sentirte satisfecho no solo cuando los consigues, sino también cuando estás caminando hacia ellos. Podríamos decir que son el eslabón central que une todos los niveles de la *Pirámide hacia la Creación de tu Vida*, ya que gracias a ellos unirás la energía y pasión de tu *Razón de Existencia*, con el esfuerzo y disciplina de tus objetivos y acciones del día a día. Y sobre todo los diseñarás para que no sean simples sueños mientras duermes, sino para que se conviertan en realidad y acabes soñando despierto.

> ¿Cuántas veces te has dado cuenta, después de haber conseguido un sueño, que no era realmente lo que querías?

Esto ocurre cuando los seis niveles de la pirámide no están relacionados entre sí, y entonces aparecen situaciones como perseguir sueños que no cuadran con tu persona o luchar por los sueños de otros. Los sueños están en medio de la pirámide y son el enlace entre la base y la cima. Tu identidad viene definida por los niveles de la pirámide que has definido anteriormente: valores, *Constitución* y *Razón de Existencia*. Por ello, a la hora de definir tus sueños, es muy importante que estén relacionados con todos los niveles anteriores, de esta forma te será más fácil crear el cambio.

Así que cuando definas tus sueños, ten más en cuenta el "porqué" de cuanto quieres conseguir, que el "qué" quieres conseguir. De este modo, cuando empieces a perseguirlos, no lo harás tanto por el hecho de la consecución en sí (objetivos), sino por el tipo de persona en la que te convertirás al alcanzar el éxito, en la identidad que asumirás (*Razón de Existencia* y *Constitución*). Como ejemplo sencillo, el sueño de ser maestro no tiene tanto el objetivo de dar clases y tener un trabajo estable, sino en el de convertirse en una persona que transmite conocimientos y apoya a los estudiantes.

Como es muy importante entender este concepto sobre los sueños, vamos a explicar un poco más en detalle y con un ejemplo más extenso la diferencia entre perseguir un sueño por el "qué" (objetivos y acciones) y perseguirlo por el "porqué" (Razón de Existencia y Constitución).

La estrategia que siguen muchas personas es centrarse en lo que tienen que conseguir, poniendo su energía tan solo en objetivos y acciones. De esta manera acaban desistiendo, perdiendo el foco o dándose cuenta demasiado tarde de que no eran la persona en la que querían convertirse.
Por ejemplo, imagina que tu sueño es tener un cuerpo más sano y atlético, por lo que te fijas los objetivos de correr cuatro veces a la semana y comer sano de lunes a sábado. Pero al mismo tiempo, sigues siendo la persona que no tenía un "porqué" (identidad) para mantener las dietas, por lo que solo eras capaz de empezarlas. Lo más probable es que acabes desistiendo al poco tiempo, ya que el día que haga un poco más de frío o te mires al espejo sin ver los resultados esperados, fácilmente encontrarás excusas para dejar de perseguir tu sueño. Y esto debido a que te faltará el "porqué".

Por el contrario, si empiezas tu sueño adaptando primero tu identidad, encontrando el porqué, te será más fácil dirigirte y encontrar la motivación hacia lo que quieras, incluso aquellos días en que parezca imposible.

Siguiendo el ejemplo de antes (convertirte en una persona más sana y atlética), no empezarás fijándote objetivos como ir X veces al gimnasio, sino que primero dedicarás tiempo a asumir la identidad del tipo de persona que quieres ser, como por ejemplo, incluyendo la práctica de deporte como tu nuevo valor a desarrollar en tu *Constitución*. ¿Cómo te ayudará este cambio de táctica? El día en que tu motivación flaquee, te pondrás en el papel de la persona que quieres ser: recordarás el cuerpo que te hará sentirte bien contigo mismo, en vez de lo que te cuesta esa nueva serie de ejercicios en la que estás trabajando. De esta forma, incluso aun cuando todavía no tengas asumida tu nueva identidad al 100%, ya estarás más cerca de tomar las decisiones correctas hacia el cambio que sueñas. ¡Créenos! Tener un porqué no solo te hará definir mejores objetivos, también te hará levantar más pesas, correr más rápido o cambiar la comida basura por una sana y rica ensalada.

Perfecto, pero ¿cómo puedes definir tus sueños de forma que sean lo más acertados y productivos posible? Para empezar, será relevante el número total de sueños en que pongas tu foco: de uno, a un máximo de diez. Tener más implica perder el foco, así que si te salen muchos más, prioriza aquellos que más impacto puedan tener en la vida que deseas crear. No estamos hablando de sueños pequeños, pero tampoco totalmente imposibles; deben ser un punto intermedio entre algo lo suficientemente grande como para que te motive a conseguirlo, pero no tan grande que te desilusione o frustre por el camino.

A la hora de escribirlos, intenta ser lo menos ambiguo posible, para no dejar dudas a tu subconsciente de lo que ansías. Si puedes incluir algún número o hecho que te permita comprobar que has conseguido tu sueño, mucho mejor. También será importante definir la fecha de cuándo quieres conseguirlo, de esta forma no te olvidarás y seguirás trabajando hacia él.

Por último, tener una adecuada distribución de tus sueños será relevante para encontrar un balance en tu vida. Son numerosos los ejemplos de personas famosas (seguro que también conocerás gente en tu entorno) que ha dedicado muchísimo tiempo a algún ámbito de su vida descuidando todos los demás y ha acabado más infeliz de lo que estaba al empezar. Por ejemplo, son muchas las personas que dedican toda su energía al sueño de conseguir un trabajo en concreto, descuidando otras áreas de su vida también importantes, como las relaciones personales o la condición física.

Para encontrar el balance en tus sueños y vida, te dejamos una serie de categorías para tener en cuenta. No es necesario tener un sueño para cada categoría, todos somos distintos y ansiamos diferentes identidades, intenta que tus sueños impliquen más de una categoría. El siguiente orden es aleatorio, las categorías más importantes dependerán de tus valores, tu *Constitución* y tu *Razón de Existencia*.

| | | |
|---|---|---|
| ◦ Salud | ◦ Trabajo | ◦ Familia |
| ◦ Espíritu | ◦ Material | ◦ Estado físico |
| ◦ Deporte | ◦ Diversión | ◦ Empresarial |
| ◦ Contribución a otros | ◦ Relaciones personales | ◦ Pareja |
| ◦ Experiencias | ◦ Desarrollo mental | ◦ … |

¡Inventa la tuya!

Las preguntas y ejemplos de los tres niveles anteriores te habrán ayudado a aumentar tu diálogo interno y a descubrir mejor quién eres realmente. A continuación, tienes tres buenas preguntas para empezar a indagar qué sueños ansías y a priorizarlos.

◦ Si mañana fuese mi último día, ¿cuáles son las únicas cinco cosas que me gustaría haber conseguido en mi vida?

◦ Si hoy pudiese añadir a mi vida automáticamente tres habilidades, experiencias u objetos, ¿cuáles serían?

◦ Si solo pudiese lograr un sueño este año, ¿cuál sería?

La *Megaoportunidad* del futuro también te ayudará a crear una clara conexión con tus sueños. Y, por supuesto, en *Las 100 Oportunidades* encontrarás otras formas de visualizar y descubrir aún más tus verdaderos sueños.

Por último, y como hemos hecho en los niveles anteriores, te dejamos unos ejemplos para que veas qué queremos decir con "sueños" y cómo están escritos. Incluimos, además, la categoría a la que pertenecen.

Sueño 1: Ser una persona que no necesita el tabaco ni el alcohol. (Salud)

Sueño 2: Tener una casa propia a la que puedo llamar hogar. (Material)

Sueño 3: Ser una persona generosa, tanto con conocidos como desconocidos. (Relaciones personales y contribución a otros)

Sueño 4: Hacer un viaje por el mundo de, al menos, seis meses. (Diversión)

Sueño 5: Tener mi propia empresa. (Empresarial)

Recuerda ir al capítulo *Mis Fundamentos* (páginas 102-103) y empezar a escribir algunos de tus sueños en el espacio que te hemos dejado.

## ⚠ OBJETIVOS

Los objetivos se derivan de los sueños y son su definición más específica y fiel posible. Si los sueños son imágenes mentales, los objetivos son su traducción en palabras muy claras y con todo detalle.

Para conseguir un sueño, normalmente necesitamos conseguir antes varios objetivos. Nuevamente es clave definirlos de forma correcta y relacionarlos con el resto de los niveles de la pirámide, para así apuntar al verdadero sueño y no acabar desviándose del camino.

En este caso, será todo un arte definir correctamente los objetivos, de forma que sean certeros. Tampoco será necesario tener cientos de objetivos, ya que será más importante la calidad que la cantidad. Por norma general, para cada sueño deberías tener de uno a cinco objetivos; conforme los consigas –siempre y cuando sea necesario–, irás añadiendo nuevos sueños.

Elige uno de los sueños que has definido en el apartado anterior y utiliza la siguiente pregunta para empezar a crear uno o varios objetivos:

- ¿Qué tengo que conseguir, como máximo dentro del próximo año, para acercarme un poco más a mi sueño?

Una vez creado un objetivo, una manera de asegurarse de que esté bien definido, será usar uno de los mejores y más efectivos métodos, el SMART ("inteligente"). SMART (de sus siglas en inglés) implica que el objetivo que estás definiendo debe ser específico (*Specific*), medible (*Mesurable*), alcanzable (*Attainable*), relevante (*Relevant*) y con fecha límite (*Time limited*). En la *Oportunidad* 62 (página 254) encontrarás con más detalle cómo aplicar este método.

De momento aprovecha los siguientes ejemplos de objetivos para entender mejor cómo formularlos. Los hemos relacionado con cada uno de los ejemplos de sueños anteriores para que comprendas mejor la relación entre sueños y objetivos.

Sueño 1: Ser una persona que no necesita el tabaco ni el alcohol. (Salud)
Objetivo 1.1: Durante las dos próximas semanas voy a consultar a tres personas que hayan dejado de fumar para conocer sus métodos.

Sueño 2: Tener una casa propia a la que pueda llamar hogar. (Material)
Objetivo 2.1: Este mes voy a informarme sobre las posibilidades de comprar una casa en el área que me gusta.

Sueño 3: Ser una persona generosa, tanto con conocidos como con desconocidos. (Relaciones personales y contribución a otros)

Objetivo 3.1: Durante el próximo año voy a participar en una ONG local, aportando al menos diez horas al mes de mi tiempo y energía.

Sueño 4: Hacer un viaje por el mundo de, al menos, seis meses. (Diversión)
Objetivo 4.1: Esta semana voy a comprar el billete de ida de mi propia vuelta al mundo.

Sueño 5: Tener mi propia empresa. (Empresarial)
Objetivo 5.1: En dos meses voy a tener creado mi plan de negocio.
Objetivo 5.2: Durante las dos semanas siguientes a haber acabado el objetivo 5.1, voy a hablar con tres bancos para pedir financiación.

Por lo general, debes definir objetivos que puedas conseguir en un año o menos. Si van más allá, piensa qué mini objetivo podrías definir antes. Otra parte fundamental de los objetivos es el equilibrio entre apegarse a ellos para mantener la motivación, pero tener la humildad de cambiarlos si, al revisarlos frecuentemente, te das cuenta de que no sigues la dirección correcta.

Por último, utiliza el espacio que te hemos dejado en el capítulo *Mis Fundamentos* (páginas 104-107) y crea algunos de los primeros objetivos para los sueños que ya hayas definido anteriormente.

## ▲ ACCIONES

La última parte de tu pirámide está dedicada a la ¡acción! Muchos sueños, objetivos, proyectos personales, planes de empresas, etc. acaban en el olvido porque no se llegaron a implementar. Puedes tener los sueños más espectaculares, motivantes y mejor definidos, pero si no haces nada para conseguirlos, se convertirán tan solo en ilusiones.

Tu *Razón de Existencia* y valores te guían para seleccionar aquello que deseas, pero tus acciones son las que, en última instancia, determinan si vas a llegar a conseguirlo o no.

Una vez puesta toda tu energía en conocerte mejor y definir qué quieres en la vida, no cometas el error de esperar a la magia, la suerte, la ley de la atracción... O como quieras llamarlo. En vez de eso, ¡considera la *Ley de la Acción*!
El vínculo emocional, pensamientos positivos y conductas adecuadas son importantes, pero no son suficientes. Para conseguir lo que te propongas, necesitarás llevar a cabo acciones con esfuerzo y perseverancia. La buena noticia es que, si realmente tú quieres, depende únicamente de ti –y no de alguna fuerza exterior–, conseguir todo lo que te imaginas.

En el nivel anterior has definido objetivos específicos, ambiciosos y alcanzables, que además están en línea con tus sueños y, estos a su vez, con tus valores. Estos valores forman tus creencias y dan forma a tu *Constitución*. Por último y más importante, todo está en sintonía para caminar hacia tu *Razón de Existencia*. Pero...

> ¿Cuántas veces has querido con todo tu ser actuar o crear un hábito y finalmente has acabado sin hacer nada?

Para que no te pase esto de nuevo, vamos a darte dos trucos relacionados con las acciones: el poder de dar pasos pequeños y los hábitos.

Por obvio que parezca, el primer truco para evitar estancarse con un objetivo es ¡empezar a caminar hoy! No se trata de crear aquellas acciones que de repente te lleven directamente al objetivo final o a tu sueño, sino de crear aquellas acciones necesarias para avanzar pasito a pasito. Tal vez necesites realizar cientos de acciones para conseguir un solo objetivo. Por ejemplo, piensa cuántas acciones realizaste para conseguir montar en bicicletea (en este caso, las acciones fueron subirte a una bicicleta... ¡e incluso caerte varias veces!). Y todo empezó con el pequeño paso de sentarte al sillín por primera vez.

Este truco, por muy sencillo que parezca, es increíblemente poderoso. Al acabar una tarea con éxito, por muy pequeña que sea, aparece una motivación que te lanza a descubrir y dar el siguiente pasito. Y así sucesivamente. Una energía totalmente opuesta a la de agobiarse con acciones que parecen imposibles y al final acabar por desistir de los objetivos, e incluso de los sueños.

La *Megaoportunidad* del presente (página 82) te ayudará a conectar mejor con este primer truco que te acabamos de explicar. Además, como en los niveles anteriores, en *Las 100 Oportunidades* encontrarás varios ejercicios que están relacionados directamente con ponerse en acción. Pero para abrir boca, te dejamos dos preguntas que te puedes hacer cada vez que no estés seguro de cómo seguir o puedes incluso incluirlas en tu rutina diaria para asegurarte de que sigues moviéndote hacia tus objetivos y, por consiguiente, hacia tus sueños.

- ¿Qué puedo hacer hoy, por muy pequeño e insignificante que sea, para estar un poquito más cerca de mi objetivo?

- Si solo pudiese hacer una cosa hoy, ¿cuál sería?

Para que entiendas aún más la importancia de empezar, vamos a usar la siguiente metáfora. Un cohete espacial utiliza la mayor parte de su combustible en el despegue. Una vez en el espacio, sigue su rumbo sin parar y sin apenas necesidad de combustible. Y todo debido a que, en algún momento, alguien hizo la simple acción de apretar el botón de *start*. Por ello, para crear la motivación necesaria para empezar a volar en tu vida, utiliza el espacio en el capítulo *Mis Fundamentos* para definir las primeras acciones que puedes hacer para cada objetivo definido anteriormente. Lógicamente, no tienes espacio para incluir las cientos de acciones que harás este año, pero considéralo como un comienzo. Incluye también algunas que puedas realizar hoy mismo y así desencadenar una cadena de acciones.

A continuación te dejamos los ejemplos de acciones en relación a los ejemplos de los objetivos y sueños anteriores. Como verás, están escritas usando el imperativo, de forma que te sientas con más obligación de actuar.

Sueño 1: Ser una persona que no necesita el tabaco ni el alcohol. (Salud)
Objetivo 1.1: Durante las dos próximas semanas voy a consultar a tres personas que hayan dejado de fumar para conocer sus métodos.
Acción 4.1.1: Hoy no voy a comprar más tabaco.

Sueño 2: Tener una casa propia a la que pueda llamar hogar. (Material)
Objetivo 2.1: Este mes voy a informarme sobre las posibilidades de comprar una casa en el área que me gusta.
Acción 2.1.1: Ahora voy a definir el tipo de casa en el que estoy interesado.

Sueño 3: Ser una persona generosa, tanto con conocidos como con desconocidos. (Relaciones personales y contribución a otros)
Objetivo 3.1: Durante el próximo año voy a participar en una ONG local, aportando al menos diez horas al mes de mi tiempo y energía.
Acción 3.1.1: Esta tarde voy a buscar tres ONG en mi barrio.

Sueño 4: Hacer un viaje por el mundo de, al menos, seis meses. (Diversión)
Objetivo 4.1: Esta semana voy a comprar el billete de ida de mi propia vuelta al mundo.
Acción 4.1.1: Después de comer, voy a comprar una guía de viajes de la India.

Sueño 5: Tener mi propia empresa. (Empresarial)
Objetivo 5.1: En dos meses voy a tener creado mi plan de negocio.
Acción 5.1.1: Esta noche voy a llamar a ese amigo que creó su propia empresa el año pasado.
Objetivo 5.2: Durante las dos semanas siguientes a haber acabado el objetivo 5.1, voy a hablar con tres bancos para pedir financiación
Acción 5.1.2: Antes del domingo voy a crear un primer borrador de los posibles costes iniciales para crear mi negocio.

El segundo truco relacionado con las acciones es el de los hábitos. Nuestros objetivos no solo requieren acciones que tengan que ocurrir una vez o con muy poca frecuencia, sino que, para la gran mayoría de objetivos, será importante repetir ciertas acciones constantemente, hasta crear un hábito. Siguiendo el ejemplo del sueño número cinco, para crear la empresa de tus sueños seguramente tendrás que hacer una o muy pocas veces el plan de negocio, pero seguro que tendrás que crear el hábito de buscar clientes, crear contenido para *marketing*, etc.

¿Cuántas veces has empezado una dieta o un plan de deporte y has acabado desistiendo a los pocos días? Las siguientes cinco condiciones no solo te van a ayudar a introducir un hábito en tu vida, sino que también te van a mostrar cómo hacer para que no desaparezca en menos tiempo de lo que costó diseñarlo. No es necesario cumplirlas todas para crear un hábito, pero cuantas más de estas condiciones practiques, más fácil te será.

- ¿Por qué? Tu *Razón de Existencia*, tu *Constitución* y tus valores te ayudarán a definirlo.

- Elimina barreras. O, lo que es lo mismo, crea el entorno adecuado (por ejemplo dejar tus zapatillas de correr al lado de tu cama o guardar la televisión en un armario).

- Crea recompensas. Sobre todo para motivarte al principio. Por ejemplo, leer un libro mientras tomas tu sabroso café por la mañana.

- Ve pasito a pasito. Aplica el truco que te hemos explicado antes: no pases de 0 a 100 el primer día. De hecho, es más productivo empezar con una mini acción para consolidar el nuevo hábito. Por ejemplo, puedes salir a correr solo diez minutos durante la primera semana. Piensa que cada paso que des, estarás reforzando aún más tu hábito, y cada vez que no salgas, estarás perdiéndolo.

◦ ¡Disfruta! Porque la única forma de saber si lo estás haciendo correctamente, es comprobar si lo estás pasando bien. De hecho, una de las formas más efectivas de aprender, es crear emociones positivas mientras realizas la acción.

Ahora te dejamos un ejemplo de las cinco condiciones para crear y mantener el hábito de sacar el máximo potencial de este libro y, por lo tanto, de tu vida:

◦ **¿Por qué?:** Lo has definido en la página 3 de este libro, tu porqué.

◦ **Elimina barreras:** Deja el libro al lado de tu cama, o en tu mochila para poder leerlo de camino a la universidad o al trabajo.

◦ **Crea recompensas:** Lee algunas páginas mientras escuchas una de tus canciones preferidas y tomas un poco el sol.

◦ **Pasito a pasito:** Comprométete a leer unas pocas páginas al día en vez de leerte el libro de golpe, ya que de todas formas no tendrá el efecto adecuado si acabas el libro en una semana.

◦ **¡Disfruta!** Invierte tiempo en ti mismo para conocerte mejor y conseguir la capacidad de crear la vida que ansías. Es una de las cosas más emocionantes en las que puedas embarcarte en tu vida.

Como te hemos comentado, nuestra principal misión es que comprendas al detalle cada nivel de la pirámide y para que así puedas utilizarlos de la mejor forma posible en tu vida. Por eso, como resumen final de la *Pirámide hacia la Creación de tu Vida*, y para que tengas una visión global y al mismo tiempo detallada, te hemos preparado una tabla resumen con los aspectos más importantes de cada nivel.

| | Definición | Cantidad | Modificación | Revisión |
| --- | --- | --- | --- | --- |
| *Razón de Existencia* | ¿Por qué vives? | 1-2 | Prácticamente invariable | Una vez en la vida |
| *Constitución* | Creencias, el mapa de tu vida | 2-8 | Fijas, pero flexibles | Cada año |
| Valores | Aplicación de tu *Constitución* a la vida real | 1-5 por creencia. Total 2-40 | Adaptables, con límites | Cada año |
| Sueños | Imágenes de lo que ansías | 1-10 | Con cada revisión (si lo ves necesario) o tras conseguirlo. | Cada seis meses |
| Objetivos | Definición de sueños en palabras concretas | 1-5 por sueño. Total 1-50 | Con cada revisión (si lo ves necesario) o tras conseguirlo. | Cada mes |
| Acciones | El medio para llegar a los objetivos y sueños | Varias, como mínimo una por objetivo | Con cada revisión (si lo ves necesario) o tras conseguirlo. | Cada semana |

Por último, por si no fuese suficiente y para recalcar lo importantes que son los ejemplos para nosotros, hemos querido dejarte tres ejemplos completos. Es decir, tres pirámides, cada una con un ejemplo para cada nivel, para que así entiendas mejor la relación que existe entre todos los niveles.

### *Razón de existencia*
Construir una vida feliz, rodeada de mi familia y amigos.

### *Constitución*
Creencia: Las personas somos seres muy sociales.

### Valores
La familia y la amistad forman una parte esencial de mi día.

### Sueños
Tener amistades que perduren en el tiempo.

### Objetivos
Mantener una excelente relación con mis amigos del colegio.

### Acción
Voy a llamar esta semana a Paco, ya que hace tiempo que no hablo con él.

### Razón de existencia

Disfrutar de mi mente, cuerpo y espíritu en su máximo potencial.

### Constitución

Creencia: Mi cuerpo es el instrumento que me da libertad física.

### Valores

Cuidar mi cuerpo como se merece, sin excepciones.

### Sueños

Correr un maratón en menos de tres horas.

### Objetivos

Correr mi próximo maratón por debajo de las tres horas y quince minutos.

### Acción

Salir esta tarde a correr con el grupo de atletismo de mi barrio.

~~~~~~~~~~~~~~~~~~~~~~~~~~~~~~~~~~~~~~~~~~~~~~~~~~~~

### Razón de existencia

Aportar al mundo la mejor versión de mí mismo.

### Constitución

Creencia: Ayudar a otros es sinónimo de éxito.

### Valores

Buscar cada día la forma de hacer sonreír a alguien.

### Sueños

Crear una ONG que ayude a niños huérfanos.

### Objetivos

Acabar el proyecto de colaboración para el desarrollo juvenil en Mali.

### Acción

Contactar con cinco empresas este mes para buscar patrocinios.
~~~~~~~~~~~~~~~~~~~~~~~~~~~~~~~~~~~~~~~~~~~~~~~~~~~~

# SPOILER
# ALERT

Si hasta ahora solo has estado leyendo y en ningún momento
has cogido un lápiz o bolígrafo para escribir en el capítulo
*Mis Fundamentos*, ¡empieza ya!, antes de que tengas
demasiadas ideas nuevas en tu cabeza y te pierdas en ellas.

# LAS TRES *MEGAOPORTUNIDADES*

Antes del capítulo *Las 100 Oportunidades*, te hemos dejado tres *Megaoportunidades* que son demasiado extensas para incluirlas con las otras cien. Cuando las completes, tendrás una visión aún mejor de:

- Por qué estás aquí hoy y cuál es tu punto de partida (Pasado).

- Quién eres en este momento y qué puedes hacer hoy (Presente).

- Hacia dónde sueñas ir y cómo crearlo (Futuro).

De esta forma tendrás más información y recursos que te ayudarán a completar mejor los niveles de tu pirámide.

## UN RECORRIDO POR TU PASADO: TU AUTOBIOGRAFÍA

En esta *Megaoportunidad* vas a viajar a todo tu pasado, vas a escribir las ideas principales de tu propia autobiografía. No es necesario ser un personaje célebre, ni importa tu edad, seguro que tienes algo importante que contar. Aunque en principio solo va a haber un lector de esta biografía (tú), habrá valido la pena hacer este recorrido por tu pasado, ya que acabarás conociéndote y tendrás una mejor imagen de ti mismo.

En este recorrido, pasarás por cada etapa desde que naciste, a través de las experiencias más importantes que viviste, hasta llegar al día de hoy. Con "experiencias" no solo queremos decir las más bonitas, sino también aquellas que te marcaron, ya que muchas veces las experiencias más duras son las que te hicieron más fuerte y crearon un cambio en tu forma de ser.

En este caso, nos gusta usar una sencilla fórmula matemática para mostrar que tú eres la suma de las etapas y experiencias que has vivido hasta hoy, dando como resultado tu punto de partida en el presente.

Etapas + Experiencias = Punto de Partida

El porqué de este ejercicio es saber mejor quién eres hoy, ya que una buena forma de saberlo, es conociendo mejor quién has sido y así reconocer tu punto de partida.

Es hora de que comiences el viaje… y la primera parada son las ¡etapas!

## ETAPAS

Hay muchas formas de analizar el pasado, en este caso vamos a hacerlo dividiendo en etapas los años que has vivido hasta ahora. Estas son simplemente períodos de tiempo que, por alguna razón, han dejado en tu mente una serie concreta de recuerdos, patrones y/o experiencias. De este modo, serás capaz de identificar, en cada una de las etapas, distintas versiones de ti mismo.

Las etapas tienen las dos siguientes características:

- No tienen duración determinada, pueden ser de seis meses o de cinco años. De hecho tendrás etapas más largas que otras dependiendo de tu capacidad para recordar con claridad. Por norma, cuanto más lejanas en el tiempo sean, más extensas serán las etapas, como, por ejemplo, la etapa de tu infancia.

- El cambio de etapa suele venir determinado por eventos con un impacto grande en tu vida. Por ejemplo, un cambio en tu forma de ser, del entorno, de quienes te rodean, o del trabajo.

Al igual que en tu *Pirámide hacia la Creación de tu Vida* que has empezado a crear en el capítulo *Mis Fundamentos*, definir las etapas no es algo fácil de hacer en una hora o de golpe en un día. Es conveniente empezar creando las primeras ideas para que tu subconsciente rumie con ellas. De manera que, conforme vayan pasando las horas o días, nuevos recuerdos e ideas puedan pasar del mundo subconsciente al consciente, y con ello puedas completar mejor tu recorrido por el pasado.

Te recomendamos empezar con una primera lluvia de ideas, o *brainstorming*, sin pensar demasiado, para así comenzar a crear una visión global de tus etapas. Utiliza el espacio que te hemos dejado en el capítulo *Mis Fundamentos* para identificar las grandes etapas.

Una vez hecha esta primera lluvia de ideas (o incluso si aún estás en ella), empieza a incluir las siguientes características principales de las etapas, para que así te sea mucho más fácil recordarlas y viajar rápidamente a través de ellas:

- El lugar donde estabas viviendo.
- Año y mes aproximado en el que empezó la etapa.
- La edad que tenías al principio de la etapa.
- Una palabra clave o experiencia que marcó esa etapa.

### Etapa

| Lugar residencia | Año y mes: inicio | Edad |
|---|---|---|

**Palabra clave**

Estudios/trabajo, relaciones, experiencias, etc.

Hay dos formas de iniciar este ejercicio: empezando desde el día de tu nacimiento hacia adelante, o al revés, empezando desde hoy hacia atrás, que es donde tu memoria estará más fresca. Si te sientes atascado ve alternando el método o dando saltos en el pasado; hazlo como a tu memoria le sea más fácil. Al final, el objetivo será acabar con una línea temporal que represente las principales etapas, desde el primer día de tu vida, hasta hoy, para así tener una visión global de tu pasado. No repares en crear etapas, ya que no son inamovibles. De hecho, cuando más tarde indagues en los detalles de tu pasado, puede que te des cuenta de que tuviste más etapas.

Como de costumbre, para que lo entiendas mejor, te dejamos un ejemplo de *brainstorming* de una etapa.

<u>Etapa</u> ejemplo

| Barcelona | 01/16 | 26 |
|---|---|---|

**Palabra clave**

*Primer trabajo en una multinacional, curso navegación…*

# SPOILER
# ALERT

Empieza a crear un borrador del viaje a tu pasado, ¡ya!
De lo contrario, si sigues solo leyendo,
será cada vez más complicado viajar por tu pasado.

## EXPERIENCIAS

La vida está, en última instancia, marcada por las experiencias o vivencias que tenemos día a día.

*¿Hasta qué punto tienes experiencias vivas, diferentes y que te aportan más del coste que te pueden suponer?*

Todos ansiamos la misma base de experiencias: bienestar, salud, diversión y riqueza en sus diversos sentidos. Sin embargo, cada uno de nosotros busca esta base de distintas formas. La felicidad es relativa en el sentido de que lo que a mí me hace feliz no tiene porqué hacerte feliz a ti; incluso lo que te hacía feliz hace diez años no tiene por qué hacerte feliz ahora. No obstante, aunque las experiencias que tenemos a lo largo de la vida suelen cambiar, podemos encontrar un patrón: las experiencias forman tus etapas de la vida y al mismo tiempo les dan forma. Justo esto va a completar el esquema de tu autobiografía.

Después de haber dividido tu pasado en etapas, seguro que tienes una visión más clara de en qué sentido has caminado a lo largo de tu vida. El siguiente paso trata de dedicarle a cada una de las etapas diez minutos (o el tiempo que necesites) para recordar las experiencias más importantes que marcaron dicha etapa. Si lo necesitas, sal a dar un paseo o haz un pequeño descanso; seguro que más tarde vendrán a tu memoria más momentos. También puedes revisar mañana o unos días más tarde lo que ya has escrito, y seguro que te vendrán aún más experiencias a la memoria, y así completarás un poco más tu autobiografía.

Para facilitar el trabajo de la memoria, hemos creado cinco categorías que te ayudarán a recordar experiencias. Pero siéntete totalmente libre de rellenar las etapas con las categorías que te apetezca, incluso si lo prefieres puedes dibujar qué marcó cada etapa en vez de escribir palabras. Recuerda que no hay nada incorrecto, mientras te sirva, estés disfrutando y aprendiendo más sobre ti, estarás haciéndolo bien. Además, le hemos asociado a cada categoría una pregunta para que te ayude a incluir experiencias.

- Actividades: ¿En qué invertí la mayor parte de mi tiempo?

- Relaciones: ¿Quién vivió esta etapa conmigo?

- Personalidad: ¿Qué aprendí o cambió en mí?

- Experiencias destacables: ¿Qué momentos me marcaron más?

- Un *Día de Museo*: ¿Qué *Día de Museo* recuerdo de esta etapa?

Acuérdate de incluir, al principio de cada experiencia, la información de la etapa que has rellenado anteriormente: lugar de residencia, año y mes de inicio, y edad.

### Etapa + experiencias

| Lugar residencia | Año y mes: inicio | Edad |
|---|---|---|

**Actividad**

___________________________________________________________

**Personas (incluyendo frases + recuerdos)**

___________________________________________________________

**Personalidad**

___________________________________________________________

**Experiencias destacables**

___________________________________________________________

**Un Día de Museo**

___________________________________________________________

Como no podía ser de otra forma, para acabar las experiencias te incluimos un ejemplo completo de una etapa. Recuerda ir al capítulo *Mis Fundamentos* (página 108) para completar tus etapas y experiencias.

<u>Etapa + experiencias</u> ejemplo

| Barcelona | 01/16 | 26 |
|---|---|---|

**Actividad**

*Mi primer trabajo en empresa propia, curso navegación.*

**Personas (incluyendo frases + recuerdos)**

*Antonio cocinar paellas, Vicky vivir la vida.*

**Personalidad**

*Moverme por una gran ciudad solo por primera vez.*

**Experiencias destacables**

*Viaje sorpresa Marruecos, acampada Congost de Mont Rebei.*

**Un Día de Museo**

*Viaje con moto por la Costa Blanca.*

---

Una vez acabado el esquema de tu autobiografía, tendrás una visión clara de qué tipo de experiencias has tenido a lo largo de tu pasado. Para que esta *Megaoportunidad* tenga más impacto en tu vida y para que puedas conocerte un poco mejor, te hemos dejado cuatro preguntas para reflexionar. Considéralas como un aperitivo antes de *Las 100 Oportunidades*.

Cuando contestes a las cuatro preguntas, puede que salgan a la luz patrones de comportamiento con los que no estés muy de acuerdo o cómodo. Pero justamente se trata de eso, ya que el primer paso para mejorar es identificar la raíz del malestar. Por otro lado, también vas a descubrir qué experiencias funcionan genial y todo lo que has conseguido hasta ahora en tu vida (seguro que es mucho más de lo que imaginas), y justamente ese tipo de experiencias son las que buscarás más conscientemente a partir de ahora, en tu presente.

¿Qué experiencias en común hay en mis etapas?

 

 

 

 

¿Cuáles de estas experiencias me gustaría no repetir? ¿Por qué?

 

 

 

 

¿Cuáles me gustaría disfrutar y tener más en mi vida? ¿Por qué?

 

 

_____________________________________________

_____________________________________________

_____________________________________________

¿Hay patrones de comportamiento que podría incluir en mi *Constitución* y/o mi listado de valores?

_____________________________________________

_____________________________________________

_____________________________________________

_____________________________________________

_____________________________________________

Si recuerdas, en el punto del libro "Nunca desistas, todos vivimos la misma vida" (página 31) vimos que las distintas formas que dibuja tu curva de felicidad a lo largo del tiempo son las etapas y estas están formadas por experiencias. De ti depende que sea una curva de felicidad creciente y que llenes tu vida de etapas y experiencias únicas.

Si embargo, si no cambias nada, tu futuro seguramente se dibujará como está descrito tu pasado.

Después de estos ejercicios conocerás un poco mejor tu historia y a ti mismo. Ahora es el momento de crear tu futuro, de viajar hacia las próximas etapas de tu vida. Usando la intuición y el poder de las emociones, vas a definir las siguientes etapas de la gran vida que te queda por disfrutar. Pero antes, vas a hacer una parada en el momento más importante: ¡hoy!

# LO ÚNICO QUE IMPORTA:
## EL PRESENTE

Todo tu pasado te hizo llegar hasta dónde estás hoy.
Todo tu futuro tiene como punto de partida hoy.

El objetivo de esta *Megaoportunidad* y de estas dos frases es ayudarte a entender la importancia del presente, de hoy, de este momento, sobre todo lo demás. Y vamos a empezar con unas preguntas para reflexionar.

¿Cuántas veces has lamentado experiencias que tuviste en el pasado? ¿Cuántas veces alguna idea te rondó la mente pero no llegaste a realizar ninguna acción? ¿Cuántas veces has intentado algo y no has llegado a acabarlo? ¿Cuántas veces corriste el camino equivocado y te diste cuenta de ello más tarde? ¿Cuántas noches, incluso días, soñaste con todo y acabaste con casi nada?

"¿Cuántas?" es la pregunta clave para aprender a convertirte en la persona que ansías ser.

¿Cuántas veces vas a ser capaz de intentarlo a pesar de los fallos? ¿Cuánto estás dispuesto a sacrificar por conseguir la identidad que ansías? ¿Cuánto estás dispuesto a rechazar por convertirte en quien deseas? Porque toda acción implica un sacrificio, todo éxito te pedirá rechazar otra alternativa, para mal o para bien. Aceptar ese trabajo que te tendrá sesenta horas semanales ocupado te hará sacrificar tiempo con tu familia y amigos. Dedicar los domingos por la tarde a estudiar inglés te hará sacrificar tiempo para ver la televisión, pero te traerá el éxito de saber un idioma más.

Enfocar toda nuestra energía en una sola dirección no siempre es fácil. Hoy en día existen cientos de distracciones y cantidad de razones para desmotivarse. Además, muchas veces no nos damos cuenta de lo que hemos conseguido, hasta que pasa el tiempo. Por eso nos gusta contar la siguiente historia para entender mejor el poder de invertir tiempo cada día para ser la mejor versión de ti mismo.

Un bambú germina al principio un pequeño tallo y tarda hasta cinco años en crecer fuera de la tierra. Es decir durante todo ese tiempo no aparece ningún rastro de que exista una planta y toda el agua, sol y nutrientes que recibe la semilla parece que no estén teniendo efecto. Pero aunque nadie se dé cuenta, por debajo están creciendo raíces a lo ancho y lo largo desde el primer día que la pequeña semilla de bambú germinó. Hasta que llega el momento, sin que nadie lo espere, en que de repente crece veinticinco metros casi de golpe, en tan solo unos pocos días.

Todos luchamos hacia un sueño, regamos y cuidamos nuestras acciones, dando pasitos o zancadas que nos acerquen a la meta. Muchas veces caminamos sin ver el destino, ya que la tierra, las ramas vecinas u otras personas no nos dejan ver más allá. Todo esto juega en contra de nuestra motivación. Pero un día, en ese largo y trabajado camino, la semilla sale de la tierra, giramos la esquina, llegamos a la cima y entonces vemos que estábamos en la dirección correcta, que estábamos muy cerca de donde queríamos. Y entonces miramos atrás y vemos que todo el esfuerzo, sacrificio, sudor y energía consumida valió la pena. Como dijo William Shakespeare en su obra *La tempestad*, "el pasado no fue más que un prólogo de tu historia".

Siguiendo las palabras del escritor inglés, todo futuro tiene como punto de partida el presente, por eso esta *Megaoportunidad* consiste en dedicar el presente a lo que realmente vale la pena y en confiar que tus sueños se harán realidad si les pones el foco. Así pues, vamos a empezar definiendo el presente actual, la etapa concreta que estás viviendo ahora mismo. Respecto a la *Megaoportunidad* del pasado, en el capítulo *Mis Fundamentos* (página 116), te hemos dejado espacio para que rellenes las características más importantes de tu etapa actual: dónde estás viviendo, cuándo empezó y qué edad tenías al iniciarla. Y aunque tu etapa actual seguramente aún no haya acabado, lo más probable es que ya tengas alguna que otra experiencia para rellenar alguna de las cinco categorías.

El resultado de nuestras vidas se puede basar en la suma de cuántas veces realizamos ciertas acciones. Si solo vas a una clase de francés a la semana, difícilmente acabarás hablando fluidamente. Si solo vas una vez al gimnasio cada dos semanas, difícilmente tendrás los pectorales que deseas. Si solo actúas cuando el camino parece fácil, no llegarás a destinos exóticos. Para conseguir todos esos objetivos necesitarás ser constante y dedicar tiempo y esfuerzo más asiduamente. Piénsalo de esta manera: si dedicases todos los días (y cuando decimos "todos" queremos decir todos los malditos días), al menos quince minutos en lo que ansías convertirte, ¿cuál sería tu límite?

No se trata de hacer cosas increíbles o difíciles, es mejor empezar con pequeñas y sencillas tareas que te hagan sentir que estás avanzando. De esa forma, pronto pasarás de quince minutos a una hora o incluso a más tiempo. Ten en cuenta que cuando empiezas a sentir placer por las acciones que tú mismo decides hacer, dejas de perderte en la mediocridad y de pensar en qué están haciendo los demás, y entonces te concentras en lo realmente importante: tu presente.

Transforma el paradigma de intentar
ser ordinario haciendo cosas extraordinarias,
por ser extraordinario haciendo cosas ordinarias.

En la *Pirámide a la Creación de tu Vida* te contamos que uno de los trucos para completar correctamente el nivel de las acciones, son los hábitos. En esta *Megaoportunidad* queremos que desarrolles uno de los hábitos más importantes en tu vida, el que te ayudará a poner todo tu foco en el presente. Primero usa el espacio para contestar a esta línea (medita la respuesta antes).

Si solo pudiese hacer <u>HOY una cosa</u>
que me acercase a mis sueños, ¿cuál sería?

_______________________________________________

Si te cuesta pensar en alguna respuesta, o la tienes pero crees que no tienes el tiempo suficiente en un día para perseguir tus sueños, utiliza la siguiente estrategia: Imagínate que solo tuvieras para ti media hora de las veinticuatro que tiene un día; las restantes 23 horas y 30 minutos estás obligado a dormir, comer y poco más. ¿Cómo emplearías esos 30 minutos?

Una vez que hayas decidido qué vas a hacer hoy para acercarte a tus sueños, la mejor forma de comprometerte es crear un recordatorio en el móvil u ordenador, para que te salte cada cierto tiempo a lo largo del día y así no lo olvides. O, si optas por una opción más analógica, copia y pega esta pregunta en todos los sitios posibles: al lado de tu cama, en el baño, en tu móvil o en el coche. Hazlo hasta que se convierta en un hábito y quede grabado en tu cabeza y en tu corazón.

¿Cómo funciona este ejercicio en el día a día? Cada noche, comprueba el siguiente algoritmo para saber si estás teniendo éxito en tu presente o si necesitas cambiar algo.

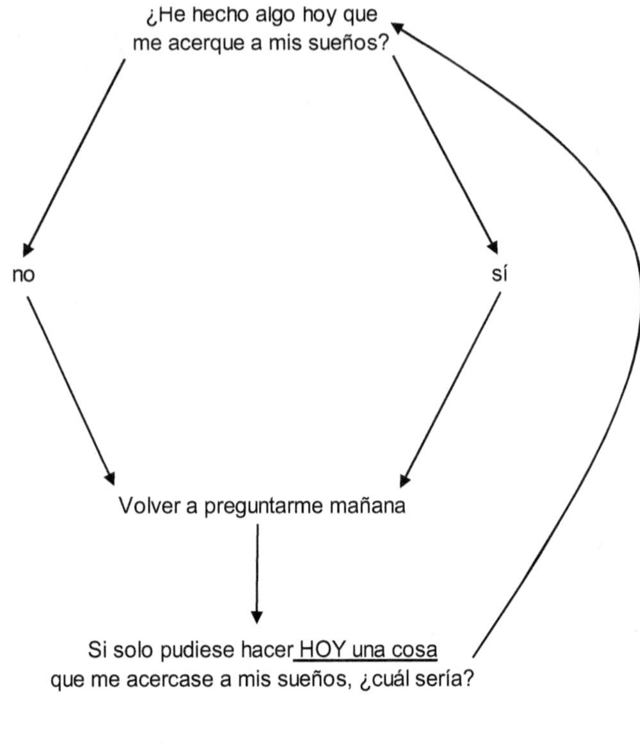


Practica esta *Megaoportunidad* hasta que se convierta en parte de tu rutina, hasta que sea un hábito. Y para comprobar si vas por el buen camino, piensa en las acciones que has elegido hacer esta semana y reflexiona sobre la siguiente pregunta:

¿En cuánto se parecen estas acciones
a la persona en la que quiero convertirme?

Una vez completadas las dos últimas *Megaoportunidades*, habrás aprendido a saber mejor quién eres y dónde estás hoy. Ahora es el momento de crear a dónde quieres ir.

## UN VIAJE AL FUTURO: LA *MEGAVISUALIZACIÓN* DE TU VIDA

La *Megaoportunidad* que estás a punto de hacer puede que sea el encuentro más valioso contigo mismo y con tu futuro que hayas hecho alguna vez. ¿No suena super emocionante? A estos viajes los llamamos: *Megavisualizaciones*, porque no se restringen a un solo ámbito de tu vida, sino que abarcan tanto como tu mente sea capaz de soñar.

Si crees que nunca has hecho un ejercicio de visualización, no te preocupes, porque lo has estado haciendo constantemente sin darte cuenta. Visualizar es una forma de soñar despierto y conscientemente. Sería algo parecido a los sueños lúcidos, aquellos sueños en que, mientras duermes, eres consciente de que estás soñando y eres capaz de actuar en él. La única diferencia es que en las visualizaciones estás despierto.

La siguiente metáfora también te puede ayudar a entender mejor qué son las visualizaciones. Imagina que eres el director de cine de tu propia película y vas a crear el guion de la versión de tu futuro. En tu película, vas a cuidar cada detalle como haría un gran cineasta: la luz, los entornos, los personajes que participan en cada escena, los accesorios... Pero, sobre todo, vas a crear las emociones y acciones que van a vivir los personajes y, aún más importante, vas a definir el papel y la identidad del actor principal, que en este caso serás tú.

En el capítulo de *Mis Fundamentos* te hemos dejado espacio suficiente para crear cinco películas o espacios temporales para tus *Megavisualizaciones* del futuro (páginas 117-124). Empezando con uno, tres, cinco, diez años, o el lapso que tú prefieras.

Siéntete libre de empezar con el momento del futuro que quieras visualizar. Quizás imaginar qué pasará en diez años te resulte muy complicado al principio, por ello puedes comenzar creando la película de lo que quieres que pase dentro de un año o en seis meses. Al igual que con la *Megaoportunidad* del pasado, no tienes que seguir una línea temporal, puedes ir saltando ocho años hacia delante, luego volver a dos años y quizás más tarde volver a saltar a dentro de once años. Como en la vida, guíate por la voz que escuchas dentro de ti.

Si tu imaginación empieza a decrecer, te cuesta crear detalles o no tienes claro qué quieres dentro de X años, no seas duro contigo mismo. Escribe o dibuja lo que tienes claro hasta hoy. Lo importante ahora es crear una primera visión, eso no quiere decir que vaya a quedarse grabada en piedra para siempre. De hecho, puedes hacer una primera ronda visualización, para después revisar estas preguntas y volver a visualizar en otro momento. Así conseguirás una mayor claridad en tu mente, incluso encontrando nuevos y distintos detalles en las sucesivas visualizaciones.
En cambio, si tu mente y corazón ya tienen clara mucha información, no dudes en escribir todo, aunque no te quepa en las hojas de *Mis Fundamentos*. Coge una libreta, un documento de Word o lo que sea para plasmar toda tu imaginación y futuro.

Por otro lado, visualizar tres o cuatro períodos de tu futuro de golpe puede ser una tarea muy intensa, tanto desde el punto de vista de tiempo necesario como de la carga emocional que conlleva. Por eso te recomendamos que visualices un momento futuro en concreto y que esperes unas horas o un día para seguir con otra visualización. De este modo también dejarás a tu subconsciente trabajar todo lo que has estado visualizando.

Con la práctica, te darás cuenta de que cada vez te será más fácil visualizar y crear detalles y, algo aún más increíble: empezarás a conocerte mejor y saber qué quieres en la vida.

## ¿Cuál es la mejor forma de visualizar?

El primer paso se trata de ponerte en un estado emocional que te ayude a crear. Busca un lugar tranquilo y que te inspire. Si es necesario, ponte una música que te motive para crear emociones positivas. Encuentra una posición cómoda, ya sea bien sentado, con la espalda recta, o acostado, incluso caminar puede que te ayude (nuestra recomendación es que tengas los ojos cerrados para eliminar toda distracción de los sentidos en el momento presente).

Escoge en qué espacio temporal quieres visualizar, cierra los ojos y, durante el primer minuto simplemente concéntrate en tu cuerpo, en cómo inhalas y exhalas a través de tu nariz hasta lo más profundo de tu diafragma. Trata de apaciguar tus respiraciones y hacerlas lo más largas y equilibradas posible. Una vez tomado contacto con tu cuerpo y haberte aislado de todo el exterior, intenta visualizar con todo detalle, como si fuese una película, así serás capaz de vincularte aún más emocionalmente.

Como alternativa, también puedes imaginar que subes a una nave espacial o a una máquina del tiempo, entonces presionas el botón de *start* y la nave te lleva hacia la primera parte de tu futuro...

Cuando llegues a tu destino, describe la situación como si estuvieses ahí de verdad: habla en presente y usa la palabra "yo". Tú eres el actor principal, por lo que debes imaginarte que estás dentro de él, viendo a través de sus ojos.

Cada ser humano tiene un poder de imaginación diferente, incluso la misma persona puede tener días en que le sea muy fácil empezar a crear y soñar, y días en que conectar con su interior sea una tarea más complicada. Para este último caso, cuando estés un poco estancado para empezar a crear imágenes, puedes usar el siguiente truco para facilitarte la imaginación: Escoge un día en concreto (un domingo, un día de vacaciones, un día de trabajo o el equivalente al día que estás viviendo hoy) y empieza a visualizar cómo sería ese día dentro de unos años. Desde esta escena podrás ir añadiendo características y detalles de la misma escena pero en el futuro. De este modo tendrás un marco en el que empezar a soñar. Verás que cuanto más practiques el visualizar, mucho más fácil te será empezar y desarrollar tu poder de crear sueños.

La visualización no tiene una determinada duración. Déjate llevar y haz un descanso cuando creas que tienes suficiente. Una vez que vuelvas a la realidad, utiliza las hojas del capítulo *Mis Fundamentos*, para escribir todos los detalles que consigas recordar. Hazlo inmediatamente o perderás algunas de las ideas.

Como regla general, apunta todo lo que te venga a la mente sobre lo que has vivido mientras estabas creando imágenes en tu mente. Incluso, si no te hace perder el hilo, puedes apuntar mientras estás visualizando. No hay respuestas absurdas, todas tienen su importancia: qué estabas haciendo; quién estaba contigo, puedes describir exactamente quién era y cómo se llamaba; dónde estabas, si era una casa, descríbela con todo detalle, si tenía jardín, piscina o lo que fuese; quizás también había animales, ponle nombres si fuera necesario; qué llevabas puesto; pero sobre todo presta atención a tus emociones: ¿cómo te sentías?

Si durante la visualización te sientes un poco estancado, también puedes utilizar las siguientes cuatro preguntas:

- ¿Dónde estoy?
- ¿Qué estoy haciendo?
- ¿Quién está conmigo?
- ¿Cómo me siento?

Si a pesar de probar todo, aún te sientes bloqueado con tu visualización, aquí te dejamos unas preguntas más concretas. Usa aquellas que te sirvan, no es necesario contestarlas todas.

- ¿Qué tipo de experiencias quiero vivir en X años?
- ¿Con qué tipo de gente quiero relacionarme?
- ¿Qué trabajo, estudios o negocios me gustaría realizar?
- ¿A dónde me gustaría viajar?
- ¿Qué me gustaría aprender?
- ¿Con quién me gustaría pasar más tiempo?
- ¿Qué tipo de deporte voy a practicar?
- ¿Dónde voy a vivir?
- ¿Con quién voy a vivir?
- ¡Crea las tuyas propias!

Por último, y como ejemplo, te dejamos solo el principio de dos *Megavisualizaciones*. De esta manera podrás entender parte de lo que te hemos explicado hasta ahora y el estilo de escritura de las primeras frases.

*Megavisualización*: Mi viaje dentro de un año

Son las diez de la mañana y estoy en casa de mi amiga Carolina con dos amigas suyas. Estamos desayunando y charlando sobre el viaje que vamos a hacer dentro de unos días a Marrakech, ciudad que siempre he querido visitar y ahora voy a descubrir…

*Megavisualización*: Un domingo cualquiera de mi vida dentro de tres años

Hoy es domingo por la mañana, me acabo de despertar pronto para poder ver el amanecer, como acostumbro a hacer últimamente cada día que puedo. Estoy dando un paseo por la playa cerca de mi casa junto a mi perrito Hupo. Me siento en paz conmigo mismo, tanto es así, que no necesito nada más ahora mismo…

Visualizar se trata de un ejercicio que deberías repetir regularmente. Primero, porque cada vez que lo hagas estarás afinando un poco más qué pasa en esa película tan importante que lleva como título tu nombre. Y segundo, porque por muy clara que tengas tu visualización, volver a ella regularmente te ayudará a conectar con tu futuro y buscar las acciones necesarias en el presente para llegar a él. Considéralo el comienzo de un poderoso hábito, ya que en *Las 100 Oportunidades* también tendrás varios momentos para visualizar e indagar en diferentes métodos y formas de hacerlo.

# SPOILER ALERT

Un *spoiler* más antes de acabar el primer capítulo del libro:
¡Empieza!

O nada de lo que has leído hasta ahora
tendrá un efecto en tu vida.

17%

# MIS FUNDAMENTOS
## Una llamada a la creación

"¿Qué hora es? Ahora."

Fragmento de la película: *El Guerrero Pacífico*

# ▲ RAZÓN DE EXISTENCIA ▲

_______________________________________________

_______________________________________________

_______________________________________________

*Espacio por si quieres dibujar tu Razón de Existencia*

# ▲ *CONSTITUCIÓN* Y VALORES ▲

*Creencia 1*

98

---

---

*Valores de la creencia 1*

---

---

---

*Creencia 2*

---

---

*Valores de la creencia 2*

---

---

---

*Creencia 3*

*Valores de la creencia 3*

*Creencia 4*

*Valores de la creencia 4*

Creencia 5

Valores de la creencia 5

Creencia 6

Valores de la creencia 6

*Creencia 7*

_______________________________________________

_______________________________________________

*Valores de la creencia 7*

_______________________________________________

_______________________________________________

_______________________________________________

*Creencia 8*

_______________________________________________

_______________________________________________

*Valores de la creencia 8*

_______________________________________________

_______________________________________________

_______________________________________________

*Sueño*                                                    *( Categoría )*

1. _______________________________________________

   _________________________________ (            )

2. _______________________________________________

   _________________________________ (            )

3. _______________________________________________

   _________________________________ (            )

4. _______________________________________________

   _________________________________ (            )

5. _______________________________________________

   _________________________________ (            )

6. _______________________________________________

_____________________________ (          )

7. _______________________________________________

_____________________________ (          )

8. _______________________________________________

_____________________________ (          )

9. _______________________________________________

_____________________________ (          )

10. ______________________________________________

_____________________________ (          )

# ▲ OBJETIVOS Y ACCIONES ▲

*Escribe al final del objetivo (O) con qué número de sueño está relacionado.*

O ________________________________________________ ( )

*Después escribe una acción (A) para el objetivo anterior:*

A ________________________________________________

O ________________________________________________ ( )

A ________________________________________________

O ________________________________________________ ( )

A ________________________________________________

O ________________________________________________ ( )

A ________________________________________________

*Escribe al final del objetivo (O) con qué número de sueño está relacionado.*

O _________________________________________________ ( )

A _________________________________________________

O _________________________________________________ ( )

A _________________________________________________

O _________________________________________________ ( )

A _________________________________________________

O _________________________________________________ ( )

A _________________________________________________

O _________________________________________________ ( )

A _________________________________________________

O _________________________________________________ ( )

A _________________________________________________

O _________________________________________________ ( )

A _________________________________________________

O _________________________________________________ ( )

A _________________________________________________

O _________________________________________________ ( )

A _________________________________________________

O _________________________________________________ ( )

A _________________________________________________

O _______________________________________________ (  )

A _______________________________________________

~~~~~~~~

O _______________________________________________ (  )

A _______________________________________________

~~~~~~~~

O _______________________________________________ (  )

A _______________________________________________

~~~~~~~~

O _______________________________________________ (  )

A _______________________________________________

~~~~~~~~

O _______________________________________________ (  )

A _______________________________________________

# UN RECORRIDO POR TU PASADO: TU AUTOBIOGRAFÍA

## ETAPAS

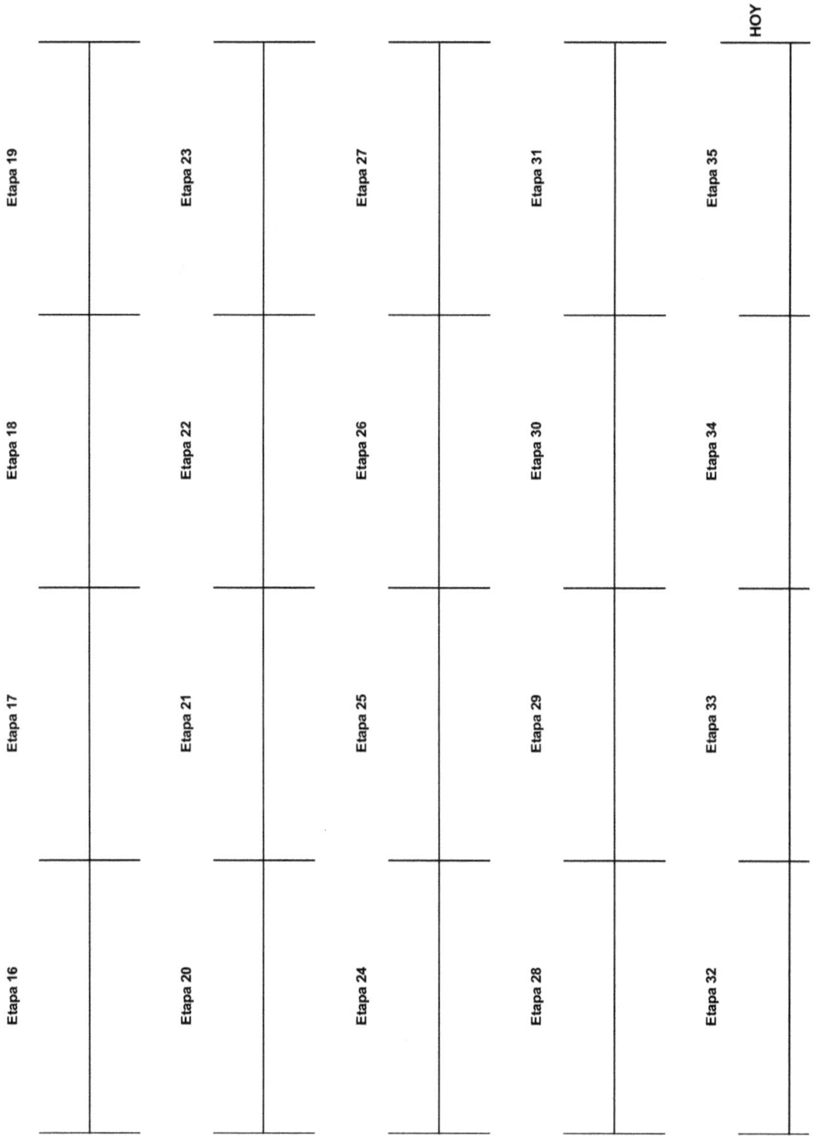

HOY

Etapa 16
Etapa 17
Etapa 18
Etapa 19

Etapa 20
Etapa 21
Etapa 22
Etapa 23

Etapa 24
Etapa 25
Etapa 26
Etapa 27

Etapa 28
Etapa 29
Etapa 30
Etapa 31

Etapa 32
Etapa 33
Etapa 34
Etapa 35

# ETAPAS + EXPERIENCIAS

### ETAPA EJEMPLO

Lugar residencia            Año y mes: inicio            Edad

**Actividades**

*¿En qué invertí la mayor parte de mi tiempo?*

**Relaciones**

*¿Quién participó en estas etapas conmigo?*

**Personalidad**

*¿Qué aprendí o cambió en mí?*

**Experiencias**

*¿Qué momentos me marcaron más?*

**Un Día de Museo**

*¿Qué Día de Museo recuerdo de esta etapa?*

### ETAPA 1

**Actividades**

**Relaciones**

**Personalidad**

**Experiencias**

**Un Día de Museo**

### ETAPA 2

**Actividades**

**Relaciones**

**Personalidad**

**Experiencias**

**Un Día de Museo**

### ETAPA 3

**Actividades**

**Relaciones**

**Personalidad**

**Experiencias**

**Un Día de Museo**

### ETAPA 4

**Actividades**

**Relaciones**

**Personalidad**

**Experiencias**

**Un Día de Museo**

### ETAPA 5

**Actividades**

**Relaciones**

**Personalidad**

**Experiencias**

**Un Día de Museo**

**ETAPA 6**

Actividades

Relaciones

Personalidad

Experiencias

Un Día de Museo

**ETAPA 7**

Actividades

Relaciones

Personalidad

Experiencias

Un Día de Museo

**ETAPA 8**

Actividades

Relaciones

Personalidad

Experiencias

Un Día de Museo

**ETAPA 9**

Actividades

Relaciones

Personalidad

Experiencias

Un Día de Museo

**ETAPA 10**

Actividades

Relaciones

Personalidad

Experiencias

Un Día de Museo

**ETAPA 11**

Actividades

Relaciones

Personalidad

Experiencias

Un Día de Museo

### ETAPA 12

---

**Actividades**

---

**Relaciones**

---

**Personalidad**

---

**Experiencias**

---

**Un Día de Museo**

---

### ETAPA 14

---

**Actividades**

---

**Relaciones**

---

**Personalidad**

---

**Experiencias**

---

**Un Día de Museo**

---

### ETAPA 16

---

**Actividades**

---

**Relaciones**

---

**Personalidad**

---

**Experiencias**

---

**Un Día de Museo**

---

### ETAPA 13

---

**Actividades**

---

**Relaciones**

---

**Personalidad**

---

**Experiencias**

---

**Un Día de Museo**

---

### ETAPA 15

---

**Actividades**

---

**Relaciones**

---

**Personalidad**

---

**Experiencias**

---

**Un Día de Museo**

---

### ETAPA 17

---

**Actividades**

---

**Relaciones**

---

**Personalidad**

---

**Experiencias**

---

**Un Día de Museo**

---

<table>
<tr><td>

**ETAPA 18**

---

**Actividades**

**Relaciones**

**Personalidad**

**Experiencias**

**Un Día de Museo**

</td><td>

**ETAPA 19**

---

**Actividades**

**Relaciones**

**Personalidad**

**Experiencias**

**Un Día de Museo**

</td></tr>
<tr><td>

**ETAPA 20**

---

**Actividades**

**Relaciones**

**Personalidad**

**Experiencias**

**Un Día de Museo**

</td><td>

**ETAPA 21**

---

**Actividades**

**Relaciones**

**Personalidad**

**Experiencias**

**Un Día de Museo**

</td></tr>
<tr><td>

**ETAPA 22**

---

**Actividades**

**Relaciones**

**Personalidad**

**Experiencias**

**Un Día de Museo**

</td><td>

**ETAPA 23**

---

**Actividades**

**Relaciones**

**Personalidad**

**Experiencias**

**Un Día de Museo**

</td></tr>
</table>

**ETAPA 24**

---

**Actividades**

**Relaciones**

**Personalidad**

**Experiencias**

**Un Día de Museo**

**ETAPA 25**

---

**Actividades**

**Relaciones**

**Personalidad**

**Experiencias**

**Un Día de Museo**

**ETAPA 26**

---

**Actividades**

**Relaciones**

**Personalidad**

**Experiencias**

**Un Día de Museo**

**ETAPA 27**

---

**Actividades**

**Relaciones**

**Personalidad**

**Experiencias**

**Un Día de Museo**

**ETAPA 28**

---

**Actividades**

**Relaciones**

**Personalidad**

**Experiencias**

**Un Día de Museo**

**ETAPA 29**

---

**Actividades**

**Relaciones**

**Personalidad**

**Experiencias**

**Un Día de Museo**

**ETAPA 30**

Actividades

Relaciones

Personalidad

Experiencias

Un Día de Museo

**ETAPA 31**

Actividades

Relaciones

Personalidad

Experiencias

Un Día de Museo

**ETAPA 32**

Actividades

Relaciones

Personalidad

Experiencias

Un Día de Museo

**ETAPA 33**

Actividades

Relaciones

Personalidad

Experiencias

Un Día de Museo

**ETAPA 34**

Actividades

Relaciones

Personalidad

Experiencias

Un Día de Museo

**ETAPA 35**

Actividades

Relaciones

Personalidad

Experiencias

Un Día de Museo

**MI ETAPA ACTUAL**

**Actividades**

**Relaciones**

**Personalidad**

**Experiencias**

**Un Día de Museo**

# UN VIAJE AL FUTURO: LA *MEGAVISUALIZACIÓN* DE TU VIDA

*Megavisualización*: Mi vida dentro de un año

*Megavisualización*: Mi vida dentro de tres años

## *Megavisualización*: Mi vida dentro de cinco años

## *Megavisualización*: Mi vida dentro de ___ años

Espacio por si quieres dibujar tus Megavisualizaciones.

# SPOILER ALERT

Empieza a dirigir tu vida y tu tiempo,
y a invertir en tu felicidad,
o nada de lo que estás haciendo
tendrá un gran impacto positivo.

33%

# LAS 100 OPORTUNIDADES
## Una llamada a la acción

"¿Quién eres tú? Este momento."

Fragmento de la película: *El Guerrero Pacífico*

Imagínate que estás al pie de una gran montaña que ansías escalar. Imagina que la calidad de tu día depende de si consigues llegar hasta la cima. Pero hay un contratiempo: hay nubes bajas y no consigues ver cómo es el camino, por lo tanto, no sabes cuántas horas vas a necesitar ni si estás lo suficientemente preparado. Solo consigues ver, muy por encima de las nubes, tu ansiado sueño. ¿Reconoces esta situación? Muchos de nosotros nos pasamos la vida cegados ante el potencial que tenemos. La desorientación y la confusión nos impiden avanzar. Por esa razón hemos diseñado *Las 100 Oportunidades* que vas a conocer en las próximas hojas. Se trata de ejercicios que te van a ir enseñando el recorrido hacia la cima de tu pirámide. Cada vez que camines unos metros, verás un poco más de tu camino, y así sucesivamente hasta que un día te des cuenta de que estás completamente satisfecho con el camino que has recorrido, con el que estás recorriendo y con el que te queda por recorrer.

Hasta este punto del libro te has dedicado a establecer las bases para crear la vida que siempre habías soñado con la finalidad de conseguir ser la mejor versión de ti mismo. Has aprendido los fundamentos que buscan fortalecer las creencias y valores de tu existencia; y los sueños, objetivos y acciones que buscan redirigir y/o afianzar tu camino hacia la creación.

Los siguientes cien ejercicios te van a ayudar a poner en acción todo lo que has definido. Y tanto si ya tienes clara tu pirámide, como si todavía solo has conseguido escribir algunas ideas, *Las 100 Oportunidades* están hechas para profundizar y limar los detalles.

Así de primeras, cien ejercicios puede sonar a mucho, pero no se trata de una carrera para acabar todos los ejercicios lo antes posible, considera esta parte del libro como viva. ¿Qué quiere decir esto? Por un lado hay ejercicios para hacer una vez en la vida, otros para repetir con cierta frecuencia y otros que te recomendamos incluir como hábito en tu vida. Además, los ejercicios no acaban cuando los lees y escribes en estas hojas, sino que tendrán un impacto continuo en tu vida. Por otro lado, cubren una amplia gama de aspectos de tu vida, y dependiendo de tu estado emocional ese día y/o de tu momento en la vida, puede que el ejercicio tenga mayor o menor impacto en ti. Así que conforme vayas teniendo distintas experiencias, el mismo ejercicio puede que tenga un significado e impacto totalmente diferente en ti.

En principio te recomendamos seguir el orden de los ejercicios, ya que así comenzarás con los más sencillos de aplicar en tu vida. Pero siéntete libre de jugar con ellos como necesites. Es decir, si lees el ejercicio y justo ese día no necesitas poner en acción lo que trata, guárdalo para otro día en que te pueda resultar más útil y consulta otro ejercicio que sí pueda servirte hoy. Por supuesto, no esperamos que apliques *Las 100 Oportunidades* de una, porque no dependerá solo de lo que te acabamos de comentar, sino también de en qué tiempo (pasado, presente o futuro) necesites poner más foco en tu vida. En total hay veinte ejercicios del pasado, cincuenta del presente y treinta del futuro, organizados escalonada y uniformemente. Es decir, cada diez ejercicios se repite la misma estructura. En la página 135 hay más información de cómo están organizados, así te será más fácil encontrar el que necesites.

Reflexiona lenta y conscientemente. No contestes y escribas solo un "sí" o un "no", redacta el porqué, el cómo te sentiste o la reflexión que hayas llegado a hacer. Si no tienes una respuesta al leerlo, deja que tu mente trabaje en ello y seguro que a lo largo del día –o los días– te irán viniendo ideas. Siéntete libre de usar cualquier material – quizás te guste apuntarlo en tu móvil y luego pasarlas al libro–, cualquier forma sirve mientras acabes reflejando tus pensamientos por escrito. Además, la inspiración te puede venir en cualquier momento, incluso cuando no tengas el libro cerca.
La redacción de tus emociones, sentimientos y reflexiones en un libro o diario es una de las mejores herramientas terapéuticas y esclarecedoras que existen. Esperamos que *Las 100 Oportunidades* te muestren el camino para seguir diseñando la mejor versión de ti mismo.

"El camino es el que nos enseña la mejor forma de llegar
y nos enriquece mientras lo estamos cruzando"
*Paulo Coelho, autor de éxitos como el libro* El Alquimista

## ¡RECUERDA!

*Pasado*          *Gratitud*

El pasado está relacionado principalmente con la gratitud, por ello estas *Oportunidades* estarán centradas en reconocer momentos de tu vida en los que te sentiste enormemente agradecido; en recordar personas del pasado que te ayudaron a estar donde estás ahora y a ser quién eres; en apreciar la vida, dándole todo su valor.

*Presente*          *Consciencia*

Las *Oportunidades* del presente están enfocadas a aumentar tu consciencia en el aquí y el ahora, es decir en aprender a centrarse en el momento actual. En entender que lo que es hoy, podría no serlo mañana. En reconocer que darle sentido a tu vida es vivir en el ahora. Y para ello usarás herramientas para conocerte mejor, reflexionar sobre todo tu entorno y crear hábitos de éxito. Aquí encontrarás principalmente ejercicios relacionados con acciones, objetivos y tu *Constitución* y, por supuesto, también con el resto de tu pirámide.

*Futuro*          *Creación*

El futuro está destinado a ser creado en el presente, desde ahí viajarás para crear tus sueños y visualizar tus objetivos. Además, definirás una estrategia y fijarás metas de aplicación inmediata hacia la consecución de lo que más ansías. Imaginarás, tan perfectamente aquello que deseas, que te será muy sencillo crearlo en tu futuro. Y sobre todo te ayudará a crear tu *Razón de Existencia*.

En la hoja de la derecha tienes la estructura de un *Oportunidad*. Verás que no tiene ningún contenido inteligible, tan solo es para mostrarte como están organizadas.

(1) Aquí te indicamos en qué momento se centra la *Oportunidad*: pasado (gratitud), presente (consciencia) o futuro (creación).

(2) El título de la *Oportunidad* te ayudará a reconocerlas y saber de qué tratan desde el principio.

(3) Al principio de cada título hemos incluido el número de la *Oportunidad* para que puedas guiarte más fácilmente por ellas.

(4) Las frases célebres te harán entender que personas exitosas también trabajaron consigo mismas. Asimismo servirán para inspirarte.

(5) En cada *Oportunidad* tendrás una parte explicando de qué va y sobre todo por qué es importante que la hagas.

(6) En la mayoría de las *Oportunidades* encontrarás ejemplos para que las entiendas mejor y te sirvan como inspiración. También tendrás, en alguna de ellas, preguntas que te inciten a reflexionar.

(7) Este espacio es para que desarrolles por escrito la *Oportunidad*. Aunque realmente lo aplicarás en la vida real, el hecho de escribirlo sobre estas hojas le aclarará a tu consciencia qué quieres.

(8) Por último, si la *Oportunidad* está directamente relacionada con algún nivel de la pirámide, lo verás aquí indicado. Aun así, cualquiera de las *Oportunidades* quizás pueda darte información de alguno o varios de los seis niveles de la pirámide, aunque no estén escritos en este espacio. En caso de que así sea, recuerda ir creando y adaptando el capítulo *Mis Fundamentos* a lo largo de la experiencia que irás ganando con las *Oportunidades*.

*creación*

## 6. Lorem ipsum sit amet

"Lorem ipsum sit amet, consectetur adipiscing elit.
Cras justo ante, bibendum quis felis non, faucibus semper urna"
*Lorem ipsum sit amet, consectetur*

Lorem ipsum sit amet, consectetur adipiscing elit. Cras porta tortor nec risus fermentum bibendum. Nam non eros facilisis, vestibulum turpis eu, aliquet neque. Nullam maximus tortor ut dui condimentum, quis porta mi sollicitudin. Donec vel viverra orci. Suspendisse sit amet risus urna. In semper tellus nec erat commodo, vitae pretium leo pulvinar. Curabitur cursus mauris elit, a pellentesque elit cursus eu. Integer varius arcu nisi, interdum varius ex gravida et. Proin sed mi eu ligula.
Lorem ipsum sit amet, consectetur adipiscing elit. Donec ullamcorper, ante et vehicula consectetur, ligula felis lacinia tortor, eu elementum ligula arcu quis nulla. Orci varius natoque penatibus et magnis.

Lorem ipsum sit amet, consectetur adipiscing elit. Sed ultrices efficitur ipsum.

Lorem ipsum sit amet, consectetur adipiscing elit. Nullam sit amet sodales arcu, quis gravida turpis.

______________________________________________

______________________________________________

Lorem ipsum sit amet, consectetur adipiscing elit. In a facilisis lorem. Proin consectetur nulla massa, nec convallis dui volutpat vel. Duis vel convallis justo, sit amet vulputate.

*Objetivos, acciones*

# CÓMO VIAJAR POR *LAS 100 OPORTUNIDADES*

*c o n s c i e n c i a*

## 1. 30 minutos conmigo mismo

*"La vida no está dividida en semestres. No tendrás vacaciones largas de verano
y muy pocos jefes estarán interesados en ayudarte a encontrarte a ti mismo.
Todo esto tendrás que hacerlo en tu tiempo libre".*
*Bill Gates, fundador de* Microsoft *y filántropo*

¿Cuándo fue la última vez que te dedicaste tiempo exclusivamente a ti?

En esta primera *Oportunidad*, te presentamos una simple pero muy eficaz herramienta: la de aprender a tomarte 30 minutos al día solo para ti. Pasar tiempo con uno mismo, al principio, puede ser hasta raro si hace tiempo que no se practica, pero es vital, ya que al final eres la persona con la que acabarás pasando la mayor parte de tu vida. Además, esta *Oportunidad* también te ayudará a encontrarte a ti mismo.

Será media hora para disfrutar de tu presencia y de tu compañía, para ser capaz de escuchar tus propios pensamientos sin interrupciones. Esto quiere decir: nada de móviles, ni televisión, ni otras personas a tu alrededor. En definitiva, nada que te pueda distraer de tu momento. Puedes aprovechar para dar un paseo, contemplar un atardecer, caminar sin rumbo por la playa, meditar o escribir en este libro… Tú decides cada día qué es lo que te apetece.

Cuando termines tu primera sesión, escribe cómo te has sentido y qué beneficios has sacado de ella. A partir de hoy, intenta con ganas tener cada día un momento para ti, aunque sean solo quince minutos. Así, pasito a pasito, podrás ir creando este hábito tan beneficioso e imprescindible.

En mis primeros 30 minutos conmigo mismo, me he sentido…

_______________________________________________________________

_______________________________________________________________

*Acciones*

## 2. Una cena para soñar

*"No hay nada que te haga admirar más a las personas
que verte reflejado en ellas".*
*Eleanor Hibbert, autora*

Si pudieras elegir cualquier persona con la que tener una cena, ¿quién sería? ¿Qué le preguntarías y qué conversaciones escogerías? Puedes elegir a alguien que conoces, un personaje de ficción, un famoso que admiras… cualquiera que te venga a la mente y sobre quien te gustaría saber más. Piensa abiertamente y sin límites. Escribe tus respuestas en las líneas de abajo, después del ejemplo.

Rafa Nadal

Me gustaría hablar sobre tu carrera como tenista, sobre todo cómo trabajas con tanta disciplina, cómo preparas tus entrenos, etc. ¿Qué consejo le darías a un joven que está buscando su propósito?

__________________________

________________________________________________

________________________________________________

________________________________________________

________________________________________________

Observa lo que acabas de escribir, quizás reconozcas alguna creencia de tu *Constitución* o valor que estés queriendo aprender. ¡Aquellos a los que admiras serán aquellos en los que te convertirás!

*Constitución, valores*

*c o n s c i e n c i a*

### 3. Las 5x5 respiraciones

"A través de la respiración profunda nos convertimos en alquimistas.
Y esa es realmente la forma en que somos,
la forma en que la naturaleza quiere que seamos".
*Wim Hof, más conocido como* The Iceman

La primera *Oportunidad* de consciencia ha sido una primera introducción para aprender a conquistar el momento presente. En la siguiente herramienta darás un paso más en el camino del ahora y aprenderás a meditar de la forma más básica y sencilla, y a su vez, de gran impacto.

En cualquier momento del día, detente, busca un lugar tranquilo donde puedas sentarte con la espalda recta y en una posición cómoda, cierra los ojos y cuenta cinco inspiraciones y cinco expiraciones. Intenta que sean lo más largas y profundas posibles. Repite este ejercicio hoy al menos cinco veces. Ya sea en el metro, en casa o en un parque, cualquier sitio es bueno para parar y observar desde tu interior.

Para que tengan los efectos deseados, hacer esas cinco respiraciones, debería llevarte aproximadamente un minuto. Si las haces en menos tiempo, inténtalo otra vez y disminuye la velocidad de tus inhalaciones y exhalaciones. Esta *Oportunidad* no es una carrera en la que gana el más rápido, sino el que mejor se siente consigo mismo durante y después de la práctica de las 5x5 respiraciones.

Poco a poco irás desarrollando la capacidad de observarte, es decir de identificar conscientemente qué sensaciones y emociones estás viviendo justo en este momento. Como ejemplo, te dejamos aquí debajo cómo nos sentimos después de practicar nuestra respiración:

- Observamos los objetos más nítidos y coloridos.
- Nuestro corazón late más lentamente.
- Prestamos más atención a los detalles de la realidad.
- Empequeñecemos los problemas.
- Nos sentimos más relajados.

Ahora te toca a ti practicar la observación. Después de las cinco respiraciones, ¿serías capaz de explicar cómo te has sentido?

Repite este ejercicio tantos días y veces como puedas. Recuerda la regla 5x5: cinco respiraciones, cinco veces al día. De esta forma introducirás un hábito muy saludable en tu vida, ya que la habilidad de utilizar tu respiración puede ir más allá de lo que piensas. Un solo minuto de concentración puede ser la gran diferencia en tu próxima hora o día, aquello que te haga sentir mejor que nunca.

La mayor parte del tiempo vamos con prisa. Como resultado, podemos llegar a vivir el día a día con una superficialidad eterna, una monotonía que nos puede llevar a pensar algunos años más tarde a dónde fue a parar todo ese tiempo. La buena noticia es que hoy es el mejor momento para frenar un poco y valorar lo que eres, para apreciar este momento. Por ello ¡dale el valor que se merece tanto al poder de tu respiración, como al poder de los pequeños cambios! En estos dos temas profundizaremos más en las *Oportunidades* número 73 (página 275) y número 96 (página 323).

*gratitud*

## 4. Para y sé agradecido

*"Debemos encontrar tiempo para parar y agradecer
a las personas que marcan la diferencia en nuestras vidas".
John Kennedy, expresidente de los Estados Unidos de América*

En la primera *Oportunidad* de gratitud vas a encontrar tiempo para detenerte y agradecer a personas que marcaron una diferencia en tu vida. Esta es una forma efectiva de reconocer conscientemente el valor que te aportaron.

En el espacio que tienes abajo, escribe cuatro agradecimientos a personas que consideres de gran importancia en tu vida. Puedes incluir: sus nombres, qué relación tienen contigo y por qué son y/o fueron tan importantes para ti. Escríbelo como si estuvieses diciéndoselo a él o ella.

Por último, si tienes la posibilidad, comunícales lo importantes que son en tu vida. A ser posible, hazlo en persona, y si no están cerca, ¡escríbeles!

Pepe, mi abuelo. Te quiero das las gracias por inculcarme el amor por la lectura y por darme libros llenos de grandes aventuras que me hicieron soñar lo imposible.

1. ______________________________________________________________

_________________________________________________________________

2. ______________________________________________________________

_________________________________________________________________

3. ______________________________________________________________

_________________________________________________________________

4. ______________________________________________________________

_________________________________________________________________

## 5. Tres frases inspiradoras

"Aprende a admirar a los demás.
Es el primer paso, para superar tu ego".
*Ehsan Sehgal, poeta y autor*

Escoge algunas de las frases que más te motivan, pueden ser de personajes famosos, algo que te recuerde un momento de tu vida o que escuchaste de alguien que conoces, o incluso alguna que hayas descubierto en este libro.

Si eres una persona más analógica, imprímelas o escríbelas en un papel bonito y pégalas en algún sitio donde puedas verlas cada día, como el techo justo encima de tu cama, el espejo del baño o tu cartera. Si eres una persona más digital, también puedes crear con estas frases un bonito fondo de escritorio para tu ordenador y/o móvil, así cada vez que los desbloquees te sentirás inspirado.

El objetivo de esta *Oportunidad* es mostrar a tu consciencia qué virtudes admiras en los demás y –quizás también– qué personas las dijeron, para de ese modo descubrir un poco más qué guía tu vida. Además te prometemos que el día que te cueste levantarte de la cama y leas una frase inspiradora, lo harás con mucha más facilidad. Escribe las tres frases que más te inspiran; añade debajo quién las dijo.

1. _______________________________________________

_______________________

2. _______________________________________________

_______________________

3. _______________________________________________

_______________________

*Constitución, valores*

*c r e a c i ó n*

## 6. El *tweet* del futuro

"Marcus Wright: – ¿Qué es eso que nos hace humanos?
John Connor: – No hay destino, sino lo que creamos".
*Diálogo entre Marcus Wright y John Connor, extraído de la película* Terminator Salvation

En tu segunda *Oportunidad* de visualización, vas a seguir con uno muy práctico y aplicable al día a día. Este consiste en crear en tu red social preferida, antes de ir a dormir o a primera hora de la mañana, el *tweet* o *post* que resuma lo que te pasará ese día. Concéntrate solo en una o dos cosas e intenta resumirlas en pocas palabras, pero sin olvidarte de los detalles más importantes.

El objetivo es preparar tu subconsciente para lo más importante que quieres que pase ese día. De este modo, harás que las cosas que te ocurran sean porque tú lo has decidido, y no porque las circunstancias u otras personas así lo quieran.

Imagina que llegas a casa después de haber disfrutado de un gran día, ¿qué *tweet* o *post* publicarías por la noche si ocurriese lo que deseas?

@thehappinessexperience
¡Gran *Día de Museo* hoy! Tiempo de calidad en la playa, gracias @llajetatuaje y @llawys_ca

@______________________________

____________________________________________

____________________________________________

Si disfrutas creando tu día por adelantado, no dudes en implantarlo en tu vida como un hábito diario más. Así prepararás tus objetivos y acciones más importantes para el día siguiente.

*Objetivos, acciones*

## 7. *Brainstorming Razón de Existencia*

"Podrás ser más talentoso que yo, podrás ser más inteligente que yo,
pero si nos subimos a una cinta de correr solo hay dos opciones:
o tú te bajas primero o yo voy a morir. Es así de simple".
*Will Smith, actor y productor*

Anclarse a una idea es la clave para conseguirla. Si eres capaz de ligarte a ella con tal fuerza que ningún obstáculo ni impedimento pueda frenarte ni hacerte dudar de que solo existe la opción de continuar, entonces estarás en el camino correcto.

En ocasiones la gente tiene una mala opinión de aquellos que dedican su vida a una única causa, a un proyecto tan importante que todo lo demás no parece importarles. Estas personas no entienden que es mucho más triste pasar toda una vida entera sin dedicarla a algo más grande que ellos mismos, que es indudablemente peor pasar el día entero viendo la televisión o con actividades que no les aportan nada a su interior.

Tu capacidad de usar tu tiempo es limitada. Imagínate que tienes una cuenta bancaria para cada uno de los temas en que inviertes tu tiempo. Al final de tu vida, ¿qué va a ser más importante? ¿Tener llena la cuenta de todos los nombres de los futbolistas de primera división de los últimos treinta años, o todo lo que aprendiste sobre ti mismo y sobre el sentido de la vida?

¿Qué cuenta ayudará más a tus hijos y a la gente cercana a ti?
¿Todo el saber que acumulaste sobre política internacional,
o tus descubrimientos interiores para llevar una vida
llena de éxitos y felicidad?

Podemos llegar a ser buenísimos en las habilidades y conocimientos por los que se nos pagan, o adeptos a las aficiones por las que nos gustaría ser pagados. Aun así, los conocimientos sobre nuestra propia vida y nuestra *Razón de Existencia* pueden permanecer como un misterio durante el resto de nuestras vidas.

La clave está en invertir tu tiempo en la cuenta bancaria que te va a dar una vida satisfactoria, es decir, descubrir tu *Razón de Existencia* y darlo todo por ella. Para ello no es preciso crear una multinacional que cotice en bolsa, ni ser el primer ser humano en viajar a Marte. Tú eres el único que puede decidir cuál es tu *Razón de Existencia*. Puede ser desde crear una familia cariñosa e increíble, hasta viajar por todo el mundo abriendo nuevos horizontes. Cualquier cosa sirve, mientras sea la adecuada para ti. Tu *Razón de Existencia* es algo en tu vida que sobrepasa todos los límites y a los que podrías dedicarle más tiempo que a cualquier otra cosa; algo en lo que podrías invertir el tiempo que se te ha dado, tratando de superarte cada día y de elevarte hacia lo inimaginable.

En esta *Oportunidad* te hemos hablado de muchos de los argumentos para trabajar en tu *Razón de Existencia*. Como habrás comprobado ya, insistimos mucho en este concepto y le ponemos mucha emoción a las palabras para que seas capaz de entender su importancia y de conectar contigo mismo. Habrá pasado ya algún día desde que leíste por primera vez qué es la *Razón de Existencia*… No importa si todavía no sabes cuál es. De hecho, puede que tardes un mes en descubrirla, o puede que lo hagas cuando tengas ya sesenta años. Repasa cada ejemplo y pregunta que te hemos planteado en esta *Oportunidad*, y escribe en las líneas de abajo qué ideas y sentimientos han movido tu interior. Si encuentras algo, recuerda ir al capítulo *Mis Fundamentos*.

*BRAINSTORMING RAZÓN DE EXISTENCIA*

*Razón de Existencia*

"Los *milenials* no quieren ser mandados,
les gusta ser guiados, entrenados y orientados.
Esta generación está pletórica y lista para funcionar.
¿Estás listo para cambiar el mundo?".
*Farshad Asl, empresario hecho a sí mismo*

*g r a t i t u d*

## 8. Mentores que te inspiraron

Un buen mentor es la base de cualquier crecimiento. A lo largo de tu vida seguro que has tenido la ocasión de encontrarte con personas que te han orientado y que han ejercido una influencia en ti. En muchas ocasiones no habrás sido consciente de ello, pero otras veces seguro que sí sabías que esas personas estaban ahí para ayudarte.

Ser autodidacta es sin duda una alternativa, pero siempre irás más rápido y seguro con un mentor, porque el autodidacta tiene a un tonto como maestro, mientras que un mentor sabe ver dónde flojeas, descubrir dónde está tu luz e indicarte qué camino seguir. Seguramente ya habrás tenido distintos mentores que te habrán mostrado el camino. Y, a lo largo de tu vida, tendrás más.

Utiliza estas líneas para pensar en algún mentor que tuviste, y después escribe qué aprendiste exactamente y por qué le estás agradecido. Esto te servirá como base para la siguiente *Oportunidad* de creación.

Mentor: ______________________

________________________________________

________________________________________

________________________________________

________________________________________

________________________________________

________________________________________

________________________________________

## 9. Aprendiendo a definirte

"Estás haciendo algo muy consagrado aquí,
algo muy atrevido, durante tu vida en la tierra.
Te estás definiendo a ti mismo, y luego creándote de nuevo
en cada momento mágico del ahora".
*Neale Donald Walsch, autor y guionista*

Desde pequeños aprendemos que somos nuestras vivencias y memorias del pasado, influidas por la sociedad, la educación y la familia. Solemos pensar que nuestro yo es el cúmulo de experiencias, que se compone de una historia que nos contamos a nosotros mismos y que consiste tan solo en una selección de recuerdos, no en la pura realidad. Y que todo comenzó cuando nacimos. Llegamos al –acuerdo con el resto del mundo y con nosotros mismos– de que no somos simplemente lo que hacemos ahora. Consecuentemente acabamos identificándonos con lo que ya no existe, más que con lo que somos ahora. ¿Te has parado alguna vez a pensarlo?

### ¿Sabes quién eres más allá de lo que has aprendido a ser?

Hoy tienes la oportunidad de aprender a saber quién eres, empezando desde cero. ¿Qué piensas sobre tu vida ahora? ¿En qué crees y confías actualmente? ¿Cuáles son tus valores y creencias? ¿En base a quién eres en este momento?… Te estás definiendo constantemente, en cada maravilloso momento del ahora. Sé atrevido y crea cada día una versión actualizada de ti, sin anclarte al pasado.

En esta *Oportunidad* vas a identificar hasta dos creencias y cinco valores que te representan hoy. Quizás te cueste un poco al principio, ya que tu mente jugará contigo para llevarte a lo que fuiste. Así que trata de definirte tal y como eres ahora, no como fuiste ayer, hace un mes o un año.

¡No lo olvides! Creencias: los conceptos que explican cómo ves el mundo. Antes de escribirlas pregúntate: ¿es así como veo hoy el mundo?

Vivir lo que amo es la receta de éxito.

Las personas somos seres muy sociales.

1. _______________________________________________

2. _______________________________________________

¡Recuerda! Valores: ideas que definen tus formas de actuar en el día a día. Asegúrate de que sea un valor actual: ¿es así como me comporto hoy?

Muestro respeto a todos aquellos que lo merecen.

Mi familia es mi fuente de energía diaria.

1. _______________________________________________

2. _______________________________________________

3. _______________________________________________

4. _______________________________________________

5. _______________________________________________

Hojea y comprueba que las creencias y valores que has incluido aquí como actuales, estén reflejadas en el capítulo *Mis Fundamentos* y que no contradigan las que ya has estado creando.

*Constitución, valores*

## 10. ¿A quién te gustaría emular?

*"Si no puedes ver hacia dónde vas,
pregúntale a alguien que ya haya estado antes".
J. Loren Norris, speaker motivacional*

Piensa en tres personas a las que admires, de las que te fascine algo de lo que hacen o cómo viven. Pueden ser mentores, entrenadores, profesores o gente que no conozcas personalmente. Piensa por qué los has escogido: puede ser porque te gustaría copiar su estilo de vida o quizás porque te gustaría seguir un camino hacia el éxito profesional parecido al que hayan seguido ellos. Usa estas líneas para escribir quiénes son y qué te gustaría emular:

Mis profes de yoga.  Cómo vivir del yoga y al mismo tiempo tener una bella familia.

____________ _______________________

____________ _______________________

____________ _______________________

Estos éxitos de las personas que admiramos pueden parecernos difíciles o imposibles de conseguir, pero todos ellos, sin excepción, estuvieron algún día en el momento que te encuentras tú hoy. Toda persona de éxito nació como un principiante y se convirtió en lo que es hoy gracias a distintas acciones y decisiones. Así que la mejor forma de emprender el camino es preguntando a las que ya estuvieron allí donde tú quieres llegar.

A estas tres personas pregúntateles cómo llegaron a hacer eso que tú también quieres llegar a conseguir. Si tienes la suerte de tener una relación personal con ellos, contacta con ellos directamente por móvil o queda para tomar un café. Si no los conoces, seguro que puedes acceder a su página web o red social y encontrar una forma de escribirles un mensaje. No tengas vergüenza ni el prejuicio de que no te vayan a contestar; primero, porque no tienes nada que perder y segundo, porque a la mayoría de las personas nos gusta ayudar a otros contándoles cómo lo hicimos.

Para que esta *Oportunidad* no se quede en promesas, utiliza el espacio para escribir qué te gustaría saber sobre ellos.

Mis profes de yoga, me gustaría saber:

- Cuáles fueron sus primeros pasos para crear una comunidad de estudiantes.

- Qué consejos tienen para compaginar la vida con hijos y el trabajo.


________________ , me gustaría saber:

- _______________________________________________________________

- _______________________________________________________________


________________ , me gustaría saber:

- _______________________________________________________________

- _______________________________________________________________


________________ , me gustaría saber:

- _______________________________________________________________

- _______________________________________________________________


Copiar los pasos que siguieron otros al crear su estilo de vida o cualquier otra faceta, será el atajo perfecto que te ayudará a avanzar en tu camino al éxito, ya que lo que te cuenten, puede ser clave en este momento para avanzar hacia tus sueños. Por último, te dejamos un esquema en la página siguiente resumiendo los pasos básicos para el camino al éxito.


*Sueños, objetivos, acciones*

## ¿CUÁL ES UN BUEN CAMINO AL ÉXITO?

Entiende que todo es un juego…

…y que para ganar de verdad,

tienes que !pasártelo genial! (oportunidad #29)

Además, sigue las cinco reglas

#1: Elige a qué quieres jugar.

#2: Aprende las reglas del juego.

#3: Observa a los buenos jugadores.

#4: Emúlalos, cópialos, pregúntales.

#5: Mantente siempre fiel a tu propia versión.

EXTRA: ¡Recuerda pásatelo genial!

*c o n s c i e n c i a*

## 11. La felicidad como hábito

*"Tus pequeñas elecciones se convierten en hábitos
que afectan a las grandes decisiones que tomas en la vida".*
*Elizabeth George, escritora*

Hay varias definiciones de la felicidad y cada persona tiene su secreto para conseguirla. Lo que tenemos claro es que, a largo plazo, esta no viene solo de comprar productos, ni consumir experiencias u obtener un cierto estatus profesional. En esto profundizaremos más en la *Oportunidad* 63 (página 256), pero podemos concluir que hay varias formas de conseguir la ansiada felicidad.

En esta *Oportunidad* vas a entender cómo la felicidad puede ser un hábito. Sí, un hábito, porque uno nunca llega a la meta y es feliz, sino que uno es feliz en cada situación y en cada momento si es capaz de sentirse bien consigo mismo. La parte positiva es que se puede aprender a ser feliz. Pero, ¿cómo puedes garantizar tener un buen día? Muy sencillo, haciendo cosas buenas con las que disfrutes. Y eso, por suerte, depende de ti. ¿Cómo? Gracias a todos aquellos momentos en los que cultives emociones positivas, podrás construir una buena base de hábitos de felicidad.

El ejercicio empieza por observarte un día cualquiera, como podría ser hoy. Sé consciente de cuándo estás teniendo un buen momento. Es decir, cuándo estás creando emociones positivas y evitando las negativas. Y, como no puedes estar en uno de estos dos estados emocionales a la vez, te será fácil identificar al menos cinco cosas que te hacen sentirte bien.

Disfrutar de un baño de agua caliente antes de irme a dormir.

1. _______________________________________________

2. _______________________________________________

3. _______________________________________________

4. _______________________________________________

5. _______________________________________________


Con este listado, sabes ahora qué cosas debes potenciar porque te hacen sentirte mejor, así que repítelas el mayor tiempo posible. Que la felicidad sea un hábito no solo implica hacer más cosas que nos son agradables, sino también hacer menos de que no lo son. Por tanto, ahora identifica al menos tres actividades que hagas a menudo y que sepas que no aumentan nada tu nivel de felicidad.

Cada vez que veo las noticias en la televisión, hasta que no llega la parte del tiempo, me siento estresado y con poca voluntad.

1. _______________________________________________

2. _______________________________________________

3. _______________________________________________


A partir de ahora te será más fácil aumentar tu felicidad usando los hábitos que te hacen sentirte bien. Para ello es fundamental saber reconocer tus emociones y así poder convertirte en dueño de tu estado, eligiendo las acciones que te llevan a sentirte mejor y rechazando las que producen lo contrario. Esto también será un muy buen recurso para ayudarte para no venirte abajo en, incluso a crecer con ellos.

La felicidad es un hábito a crear que tú eres capaz de crear con tus pensamientos conscientes, así que elige adecuadamente. Piensa en las acciones que has hecho hoy, o en las que quieres hacer la semana que viene, y hazte la siguiente pregunta:

¿En cuánto se parecen mis acciones de hoy
a la persona en que quiero convertirme?


*Acciones*

*c r e a c i ó n*

## 12. La *Ley de la Acción*

*"Mañana se convierte en nunca.
No importa cuán pequeña sea la tarea, ¡da el primer paso ahora!"*
*Tim Ferriss, emprendedor y autor*

Tener la mejor estrategia y crear planes es, sin duda, algo importante, pero de nada sirve si todos estos objetivos a largo plazo están basados en decisiones y acciones en el futuro. Lo importante es ponerse en acción de forma que las decisiones del presente vayan, poco a poco, dando al plan del futuro. Aunque no seas plenamente consciente de ellos, lo que determina tu futuro son las decisiones que tomas hoy y las acciones que haces justo en este momento. ¿Cuántos planes llevas postergando a la eternidad, pendiente de acciones que tienen que pasar siempre mañana o de acciones en las que necesitas de alguien para empezar?

Esta *Oportunidad* es muy directa: Piensa en alguno de tus objetivos, en el que más te esté costando arrancar o con el que lleves atascado un tiempo.

Objetivo: ________________________________________________

Ahora escribe tres acciones que podrías hacer para dar los primeros pasos.

Acción 1: ________________________________________________

Acción 2: ________________________________________________

Acción 3: ________________________________________________

¿Cuál de estas acciones podrías empezar hoy mismo? Sí, ¡hoy mismo! Si no hay ninguna que puedas empezar ahora, ¿qué nueva acción podrías poner en marcha hoy mismo? Haz un círculo sobre aquella que puedas empezar ya y revisa esta misma hoja mañana para comprobar si lo has hecho. Muchas personas tienen grandes sueños y ambiciones, pero fallan en ponerse en acción porque no ven los frutos de sus pequeños esfuerzos inmediatamente. Cuando realmente empezar ya es ganar más de la mitad de la partida.

*Objetivos, acciones*

## 13. El arte de descubrirte mejor

"Hay pintores que transforman el sol en una mancha amarilla,
pero hay otros que, con la ayuda de su arte y su inteligencia,
transforman una mancha amarilla en sol".
*Pablo Picasso, pintor y escultor*

Hasta ahora has practicado la escritura como una técnica muy importante para abrir tu mente y clarificar mejor tus pensamientos y deseos más profundos. Otra forma de descubrirte y entenderte a otro nivel es usando el arte.

No te preocupes si no eres un Picasso, si crees que no tienes creatividad o si no tienes colores. Esta *Oportunidad* trata de utilizar una hoja en blanco, cualquier material de pintura y un punto de la siguiente lista, para conocerte y mejorar tus sentimientos en este bello momento que es el presente. Al final dará igual si dibujas tan solo una mancha amarilla, siempre y cuando esta se convierta en un sol o incluso en una nueva emoción positiva. Para empezar, contesta a la siguiente pregunta:

¿Cómo me siento ahora mismo?

------------------------------

El listado que tienes a continuación tiene veintidós estados de ánimo. Busca cómo te sientes ahora mismo en el listado y empieza a usar tu arte para conocerte mejor. Si no te identificas con ninguno de esos estados emocionales ahora, siéntete libre de dibujar cualquier cosa y dejar a tu imaginación hacer el camino. Para tu primera obra, utiliza la hoja que te hemos dejado más adelante.

¿Cómo te sientes ahora?

- Preocupado: practica origami o pliega papeles de varias formas.
- Desesperado: dibuja caminos.
- Angustiado: crea algo con telas, como una muñeca de trapo.
- Desconcentrado: dibuja con la técnica de puntillismo, es decir con puntos.
- Aburrido: llena una hoja de arte abstracto con muchos colores.
- Asustado: colorea una tela, una lámina o una camiseta.

- Triste: dibuja un arcoíris.
- Cansado: dibuja flores.
- Enojado: dibuja líneas intentando no levantar el lápiz.
- Indignado: dibuja escaleras que no tengan fin.
- Con dolor: esculpe con cualquier material que tengas en casa.
- Decepcionado: haz una réplica de una pintura.
- Tenso: dibuja diferentes patrones.

¿Qué necesitas ahora?

- Encontrar la solución óptima a un problema: dibuja olas y círculos.
- Entender algo: colorea mándalas o algo con formas geométricas.
- Recordar algo: dibuja laberintos y después sal de ellos.
- Restablecer tu energía: rompe un folio usado en miles de pedazos.
- Entender tus emociones: dibuja un paisaje y llénalo de detalles.
- Desatascar tus pensamientos: dibuja un autorretrato.
- Sistematizar tus pensamientos: dibuja cuadrados, edificios, etc.
- Entender tus deseos: haz un *collage*.
- Seguir adelante cuando estás atascado: dibuja espirales.

Esta *Oportunidad* también tiene el objetivo de despertar tu creatividad. ¿Cuándo fue la última vez que coloreaste o que creaste un *collage* con revistas? Al utilizar lápices, dibujar, pegar, recortar… volvemos a hacer lo que de pequeños tanto disfrutábamos, aquello que, al hacernos, adultos parece que nos prohibieron, como por ejemplo utilizar un rotulador y dibujar casas, animales, soles, o simples líneas.

Recuerda volver a esta *Oportunidad* cada vez que quieras entender mejor cómo te sientes en el momento presente. Así, cuando sientas un estado no deseado (o, como se suele decir, una emoción negativa), serás capaz de usar el arte para contrarrestarlo.

# HOY ME SIENTO

"Me estaba quejando
de que no tenía zapatos
hasta que conocí a un hombre
que no tenía pies".
*Confucio, célebre pensador de la Antigua China*

## 14. El *Jarrón de la Gratitud*

Seguramente ya te habrás dado cuenta de que expresar la gratitud forma una parte muy importante de nuestro concepto del éxito. Siguiendo con esta práctica, en esta *Oportunidad* te proponemos coger un jarrón bonito o un vaso decorativo grande que tengas por casa. En de él guardarás hoy cinco notas o más, explicando la gratitud que sientes por diferentes aspectos de tu vida: personas, momentos, objetos, experiencias...

Juega con tu imaginación. Por ejemplo, puedes sentir gratitud por tener una casa cómoda y bonita, agradecerle a tu amiga su lealtad tras tantos años, o dar las gracias por aquella barbacoa campestre.

Deja el *Jarrón de la Gratitud* en algún lugar donde lo veas diariamente. Así, cada vez que pases por delante, podrás sacar una de las notas y recordar que tienes la capacidad innata de apreciar todo lo que tienes, haces y eres. La otra finalidad es crear nuevas notas de gratitud, por lo que te recomendamos que dejes un bloc y un bolígrafo cerca del jarrón, para que cuando te sientas agradecido, añadas una nueva nota en tu *Jarrón de la Gratitud*. Si vives con alguien, puedes crear un jarrón para jugar todos. ¡Incluso puedes crear uno en tu lugar de trabajo!

Utiliza el siguiente espacio para escribir las primeras cinco notas. ¡No está de más volver a poner por escrito todo eso que no quieres olvidar!

1. ______________________________________________

2. ______________________________________________

3. ______________________________________________

4. ______________________________________________

5. ______________________________________________

*consciencia*

## 15. Trucos para eliminar hábitos

*"Adapta lo que es útil, rechaza lo que no sirve para nada,*
*y añade lo que es específicamente tuyo".*
*Bruce Lee, el artista marcial más influyente*

## ¿Cuántas veces has intentado cambiar un hábito y al poco tiempo has vuelto a caer en la tentación?

Como te dijimos en la *Oportunidad* 11 (página 153) la felicidad es un hábito, por ello en *Las 100 Oportunidades* te mostramos de varios hábitos saludables con un impacto positivo que podrás incorporar en tu vida. Además como ya te explicamos en el capítulo *Fundamentos* (página 63), tan importante es saber cómo crear un hábito como saber cómo eliminar aquellos ya existentes. En esta *Oportunidad* vamos a darte trucos para hacerlo.

Al principio los hábitos son fáciles de abandonar, pero una vez conseguidos son casi irrompibles. Hasta ahí seguramente estés de acuerdo con nosotros, pero nos podrías preguntar: "¿Qué puedo hacer con los hábitos que ya tengo desde hace años y me gustaría cambiar?".

Muchas veces, por muy grande que sea el empeño y la fuerza de voluntad, necesitamos algo más para cambiar. Esto es así porque los hábitos más establecidos son los más difíciles de destruir, por lo que necesitas de un gran empuje adicional, como el de usar uno o todos los siguientes trucos:

1. Crear el entorno adecuado para no dudar.

2. Eliminar los instrumentos que te impiden conseguirlo.

3. Compartir con alguien tu reto.

4. Cuidar la forma en que te hablas (más sobre esto, en la *Oportunidad* 35; página 202).

Hábito: Cuando me despierto por las mañanas, lo único que hago es ver mi *smartphone* y tomarme un café, no consigo salir a entrenar aunque algunos días es el único momento que tengo para ello.

Truco 1: Dejarme preparada la ropa de deporte al lado de la cama, así cuando me levante no tendré excusa para no ponérmela. O, aún más útil, dormir con la ropa de deporte puesta. ¡Pero que esté limpia!

Hábito: Quiero dejar de ver la televisión todos los días.

Truco 2: Guardar la televisión al fondo de un armario ¡o venderla! Así será más fácil evitarla al llegar a casa.

Hábito: Comer a mediodía en restaurantes o locales de comida rápida.

Truco 3: Hablar con un compañero de trabajo y explicarle mi reto para hacerlo juntos y así tres veces por semana comer juntos algo saludable.

Hábito: Cuando acabo de comer necesito, sí o sí, algo dulce.

Truco 4: Modificar mi diálogo interno con el mensaje de que acabar mi comida con fruta también es delicioso.

Ahórrate la lucha mental de eliminar y conseguir hábitos. ¿Cuál de estos cuatro trucos podrías usar para conseguir romper un hábito? Piensa y escribe abajo al menos dos hábitos actuales que quieras cambiar. Después, escribe los trucos que vayas a usar para eliminarlos de forma más fácil y rápida.

Hábito 1: _______________________________________________________

Truco: _________________________________________________________

Truco: _________________________________________________________

Hábito 2: _______________________________________________________

Truco: _________________________________________________________

Truco: _________________________________________________________

*c r e a c i ó n*

## 16. Sentir pasión por tu trabajo

"El trabajo sin amor es esclavitud".
*Madre Teresa de Calcuta, misionera y Premio Nobel de la Paz*

En esta *Oportunidad* te planteamos una de esas situaciones hipotéticas que pueden tener un gran impacto en tu modo de vivir. Así verás que el trabajo con amor significa libertad y sabrás cómo llevar este concepto a tu vida.

Imagínate que, por cualquier razón, te quedan tan solo seis meses de vida, los cuales vas a disfrutar con la energía física y mental que tienes hasta ahora, pero con la condición de que tengas que dedicar 30 horas (o más) semanales a un trabajo. De este modo, no vas a necesitar obtener ningún rendimiento económico, ya que para estos seis meses estarán asegurados.

¿Cómo sería este trabajo? ¿Qué tareas realizarías? ¿Dónde estarías? ¿Sería en una oficina, en un taller o al aire libre? ¿Estarías solo o acompañado? ¿Qué habilidades utilizarías: creatividad, inteligencia, compasión, comunicación…? ¿Qué tipo de herramientas tendrías: ordenador, libreta, tabla de surf, esterilla de yoga…?

Déjate unos minutos para sentir y pensar, después escribe un pequeño resumen con las respuestas a estas preguntas. Utiliza el máximo número posible de adjetivos, esto te ayudará a conectar mejor con tus emociones en la visualización.

*Razón de Existencia, sueños*

## 17. Primeros pensamientos del día

*"Todos tenemos luz y oscuridad en nuestro interior,
lo que importa es qué parte decidimos potenciar".*
*Sirius Black personaje de la saga de* Harry Potter *escrita por J.K. Rowling*

# ¿Cuáles son los pensamientos con los que empiezas tu día?

Quizás hasta ahora nunca te hayas parado a pensar cuáles son los primeros pensamientos que ocupan tu mente nada más abres los ojos por la mañana. Cómo empiezas el día puede ser un pronóstico bastante certero de cómo vas a acabarlo. De hecho, al despertarte y justo antes de ir a dormir, es cuando tu subconsciente está más preparado para asimilar lo que tú le digas. Así que si eres capaz de elegir sabiamente las primeras elecciones que haces por la mañana, aunque sean tan solo pensamientos, estarás potenciando tu capacidad de vivir el día que ansías en vez del que te puedan dar otros o el que aparezca sin darte cuenta.

El momento en el que despiertas es el instante preciso en el que eres capaz de escoger conscientemente tus pensamientos y de empezar el día como desees. Así que ahora debemos pensar: ¿Cuáles podrían ser los pensamientos más adecuados para empezar el día?

En la *Oportunidad* 5 (página 142), buscaste frases inspiradoras para mantenerte motivado. En esta ocasión, te recomendamos crear tu propia frase de motivación, aquel conjunto de palabras que resuenan dentro de ti y que, al pronunciarlas, desencadenan una serie de efectos en tu cerebro que te preparan para cualquier cosa. Empieza la frase con palabras poderosas como: "Yo puedo...". Inspírate y escribe qué frase motivadora podría ser la tuya:

¡La vida es maravillosa! / Yo puedo conseguir todo lo que me propongo / ...

---

Para que no la olvides y sigas con tu rutina diaria, deja al lado de tu despertador un papel con tu propia frase poderosa. Si quieres ir más allá, puedes grabar una alarma que repita esas palabras.

A partir de ahora, dedica tus primeros pensamientos conscientes del día a leer y repetir tu frase poderosa. Los siguientes primeros pensamientos del día puedes dedicarlos a hablar contigo mismo sobre cómo quieres que sea tu *Día de Museo*. Repítete a ti mismo: "¡Hoy va a ser un *Día de Museo*!" y repasa mentalmente qué tiene que pasar para que sea así.

Nuestro día consciente no empieza cuando ponemos el primer pie en el suelo al lado de la cama, sino cuando la mente se abre a un nuevo día y empiezan a surgirle pensamientos. Ser capaz de elegirlos sabiamente te dará un día lleno de: alegría, felicidad, actitud, optimismo… ¡O lo que tú quieras!

En la *Oportunidad* 42 (página 216) vas a conocer algunas maneras de continuar tu rutina matinal y así crear tu día a partir de pensamientos conscientes y del poder de la visualización.

*Objetivos, acciones*

## 18. El poder del perdón

*"Ojo por ojo… Y todo el mundo estaría ciego".*
*Mahatma Gandhi, pacifista y pensador*

En esta *Oportunidad* del pasado queremos trabajar el perdón. En el camino a conseguir ser la mejor versión de ti mismo, es necesario saber perdonar a personas de tu pasado que te provocaron vivencias y experiencias desagradables.

La capacidad del perdón conlleva muchos beneficios. Entre ellos, está la sensación de alivio que sentirás inmediatamente, al descargar toda esa rabia acumulada y tensión que había en tu cuerpo. Además, estarás acercándote un poco más a esa persona y, independientemente de tus sentimientos actuales, estarás conectando con ella de una forma diferente. Por último, tu salud te lo agradecerá, ya que las emociones negativas se acumulan en tu cuerpo, creando posibles enfermedades a largo plazo.

Pero ¿de verdad sabemos cómo perdonar?

Antes siquiera de ponernos a perdonar a personas y situaciones de nuestro pasado, es conveniente aprender a aceptar lo que sucedió y por qué. Describe en las líneas siguientes a al menos tres personas que deberías perdonar en tu vida, la razón por la que lo haces, y lo que aceptas con ello.

1. La persona de mi pasado que necesito perdonar es ________ y la perdono por

_________________________________________________

ya que acepto que ____________________________________

_________________________________________________

_________________________________________________

2. La persona de mi pasado que necesito perdonar es _________ y la perdono por

_______________________________________________________

ya que acepto que _______________________________________

_______________________________________________________

_______________________________________________________

3. La persona de mi pasado que necesito perdonar es _________ y la perdono por

_______________________________________________________

ya que acepto que _______________________________________

_______________________________________________________

_______________________________________________________

Una vez escritas qué personas consideras importante perdonar y todos tus sentimientos relacionados, llega el momento de expresarles esos sentimientos en persona. Busca la ocasión de verte con esas personas y diles que les entiendes cómo son, lo que hicieron o dijeron y que les perdonas. Importante: usa la palabra "perdón".

Por último, para ir más allá de todo esto y hacer un trabajo de agradecimiento del pasado excelente, ¡dales las gracias! Sí, has leído bien, agradéceles que gracias a ellos pudiste aprender un rasgo más de tu carácter y que, una vez más, gracias a ellos aprendiste a superar tu ego en otra dimensión.

## 19. ¿Sabes de quién te rodeas?

"Eres el promedio de las cinco personas con las que pasas más tiempo".
*Jim Rohn, empresario y autor*

Como bien dice Jim Rohn, somos, de media, una de las cinco personas con las que más tiempo compartimos. Las personas que te rodean te transmiten energía y motivación e influyen en tus pensamientos; incluso, a la larga, pueden cambiar tus valores y tu *Constitución*. En la nueva era digital este concepto está variando y la calidad de nuestras relaciones depende también de las comunicaciones que tenemos vía *online*. Estas nos afectan positiva o negativamente con cada comentario, *like* y palabras que intercambiamos.

El objetivo del ejercicio es ser consciente de con quién inviertes tu tiempo cuando estás usando tu ordenador o móvil y de la calidad del tiempo que pasas con ellos. Para ello, mira las últimas cinco conversaciones de la red social o aplicación de mensajería instantánea que más utilices: *WhatsApp*, *Instagram*, *Facebook*... La que sea.

¿Qué personas son? ¿Qué tipo de palabras intercambiáis? ¿Sobre qué tema era la última conversación que habéis tenido? De estas cinco conversaciones, ¿cuáles te están ayudando y cuáles hacen todo lo contrario?

Reflexiona sobre las preguntas en el siguiente espacio. Y a las personas que te ayudan con sus palabras, no olvides agradecérselo, ya que no hay gracias de más. Para ello puedes utilizar muchas de las *Oportunidades* del pasado.

Anabel, mi amiga de la universidad. Me escribe muchas palabras de apoyo, sus mensajes suelen estar llenos de palabras positivas. Nuestra última conversación ha sido para darme ánimo antes del examen de mañana. Sin duda, es una persona con la que puedo pasar más tiempo físicamente y *online*, ya que me ayuda mucho. ¡Gracias!

1.

2.

3.

4.

5.

## 20. Crear el trabajo ideal

"Fue entonces cuando aprendí que no bastaba con hacer tu trabajo,
sino que había que tener interés en él, incluso pasión por él".
*Charles Bukowski, poeta y autor*

En la *Oportunidad* 16 (página 163) describiste ese trabajo ideal que te haría sentir como si no tuvieses la obligación de trabajar, ya que lo harías con interés y pasión. Después de haber jugado con estas hipótesis, piensa unos minutos en tu trabajo actual o en el que estás camino de realizar.

¿Qué te separa del trabajo que describiste en la *Oportunidad* 16?
¿Qué diferencias significativas encuentras con el actual?

Pasamos cerca de una cuarta parte de nuestra vida adulta trabajando, por ello es importante que lo hagamos en algo que nos guste. Esta *Oportunidad* está hecha para ayudarte a despertar tu consciencia sobre las diferencias entre tu trabajo ideal y el que tienes actualmente, y así empezar a cambiar lo posible, antes de que sea demasiado tarde.

*Razón de Existencia, sueños*

*c o n s c i e n c i a*

## 21. Tres objetos innecesarios en mi vida

*"Si tuviera muchas cosas tendría que ocuparme de ellas.*
*La verdadera libertad está en consumir poco".*
*José Mujica, expresidente de Uruguay*

A lo largo de nuestra vida estamos en posesión de aproximadamente 10.000 objetos materiales. ¿Te sorprende? El hecho de tener más objetos hace que necesitemos más tiempo para ocuparnos de ellos, y esto nos hace menos libres. Además, cuando morimos, todos esos miles de objetos se quedan atrás, ¿o has visto alguna vez un camión de mudanzas en un entierro?

Durante el día de hoy, observa los objetos que tienes en casa. Selecciona tres de ellos que no utilices y que estén en un buen estado para darlos a alguien que vaya a necesitarlos más. Deshacerte de todo aquello que solo ocupa lugar y ya no te aporta nada te dejará más espacio físico, y también despertará aún más tu consciencia. Escribe también el porqué.

| Objeto | ¿Por qué no los necesito? |
|---|---|
| Esquís | Llevo sin utilizarlos más de tres años. |
| | |
| | |
| | |

La próxima vez que sientas la necesidad de comprar algo (por supuesto que en todo el ejercicio no estamos hablando de comida y productos esenciales), ya sea en una tienda o por internet, pregúntate esto: "¿De verdad lo necesito?". Deja pasar el impulso comprador y espera desear comprarlo por segunda o tercera vez antes de hacerlo.

Si de verdad vuelve el impulso de comprarlo, pregúntate qué es más impresionante, ¿vivir una vida extravagante o invertir en tu propia persona? ¿Acumular trozos de tela o ayudar a otros que lo necesitan más?

## 22. El gimnasio para visualizar

*"La lógica te llevará de la A a la Z,
la imaginación te llevará a todas partes".
Albert Einstein, físico célebre por la teoría de la relatividad*

Entrenar la imaginación es un hábito muy importante que te llevará a cualquier parte. Algunas personas tienen mucha facilidad para visualizar, sobre todo aquellas que siempre han disfrutado fantaseando o que desbordan creatividad. A otras, por el contrario, no les es tan fácil utilizar su imaginación. Independientemente de cómo seas, esta *Oportunidad* será tu gimnasio personal para entrenar a tu imaginación, ya que vas a visualizar con los cinco sentidos y a descubrir cuáles son de más ayuda a la hora de crear. Cada persona crea su mundo más fácilmente con un sentido, y aquí vas a conocer el tuyo.

Como ya te hemos recomendado en el capítulo *Mis Fundamentos*, en concreto en la *Megaoportunidad* del futuro, debes tomarte este ejercicio como un tiempo de desconexión del mundo externo. Por tanto, busca un lugar tranquilo, déjate libre una amplia franja de tiempo y ponte cómodo. Puedes hacer el ejercicio de una sentada, pero también puedes dosificarlo y hacer cada vez un sentido o probar distintas combinaciones. Intenta que cada visualización sea, por lo menos, de un minuto.

Vista - Imagina que estás viendo:
- Una tortuga.
- Una rosa roja.
- Un pino.
- Un cuadrado.
- Un amanecer.

Oído - Ahora imagina que oyes:
- Agua cayendo desde una cascada.
- Unos pájaros cantando en los árboles en medio de un bosque.
- Personas cuchicheando al fondo de una cafetería.
- El tecleo en el cajero automático cuando vas a sacar dinero.
- Una moto arrancando.

Olfato - Evoca despacio cada uno de estos olores:

- Romero cuando te lo acercas lentamente a la nariz.
- Gasolina que se te ha quedado en las manos al repostar.
- Aroma de una flor de jazmín recién cogida.
- Tostadas quemadas, aún calientes.
- Pizza recién hecha.

Gusto - Imagina en tu boca los siguientes sabores:

- Plátano.
- Chocolate negro.
- Limón.
- Helado de vainilla.
- Zumo de naranja.

Tacto - Intenta emular las siguientes sensaciones en tu mente:

- Andar descalzo por la playa.
- Abrazar a un familiar.
- Cruzar la meta con tu mejor tiempo.
- Acariciar a un gato mientras ronronea.
- Pasear cogido de la mano de tu pareja.

EXTRA - Entrena también tu percepción de la temperatura:

- Beber café recién hecho.
- Tomar una limonada llena de hielo.
- Sumergirse en la bañera de agua caliente.
- Tirarse a una piscina de agua fría.
- Tumbarse al sol de verano durante unos minutos.

Después de haber jugado con tu imaginación y los cinco sentidos, ¿con cuál te ha sido más fácil? ¿Y más difícil? Recuerda esto para tus próximas visualizaciones y elige el sentido que más te conecte con tu imaginación.

---

*Sueños, objetivos*

## 23. *Hall of Fame*

"No esperes a la suerte [...]
Dedícate a ti mismo y vas a encontrarte [...]
De pie en el salón de la fama".
*Extracto de la canción de* Hall of Fame *de The Script feat will.i.am*

Hoy vas a crear tu salón de la fama o como es conocido en el deporte y otros ámbitos, tu propio *Hall of Fame*. ¿Para qué sirve un *Hall of Fame*?

Con el paso del tiempo y gracias a todo el esfuerzo que realizarás en tu desarrollo como persona, irás consiguiendo objetivos y sueños. Cada vez que consigas alguno, te sentirás más feliz y satisfecho durante unas horas, días o incluso semanas. Pero poco a poco irás olvidándote de ellos, en parte porque estarás concentrado en tu siguiente objetivo. Como ejemplo, quizás recuerdas la emoción y los nervios que tuviste cuando te sacaste el carné de conducir; para muchos era algo extraordinario, un sueño hecho realidad. En cambio, ahora seguramente veas totalmente corriente el hecho de conducir.

Por ello vas a crear tu propio *Hall of Fame,* ya que avanzar y conseguir objetivos es importante, pero igualmente importante es sentir la satisfacción que viene con el reconocimiento. Tu *Hall of Fame* te recordará de lo que eres capaz y todo lo que has conseguido hasta hoy, ya que en él incluirás sueños y objetivos ya logrados. Aquí van tres ejemplos de cómo llevarlo a la práctica:

- Utiliza el espacio debajo de esta *Oportunidad* para empezar tu *Hall of Fame*, así siempre tendrás un listado para revisar cuando te sientas más inseguro de tus capacidades.

- Elige alguna pared o puerta de tu casa y crea un *collage* de tu salón de la fama. En él puedes ir pegando fotos relacionadas con los objetivos que has conseguido hasta ahora.

- Por último, si eres más digital, puedes crear los dos puntos anteriores en tu ordenador o móvil, ya sea en un bloc de notas o en tu fondo de escritorio.

*Sueños, objetivos*

*HALL OF FAME* DE _______________

175

*HALL OF FAME* DE _______________

## 24. Lo que buscas ya está dentro de ti

*"Cambia tus expectativas por apreciaciones,
y el juego de la vida cambiará en un momento".*
*Anthony Robbins, filántropo y autor*

La mayoría de las veces nos encontramos buscando fuera de nosotros razones para sentirnos felices y plenos. Buscamos nuevos trabajos, amigos y parejas; viajamos por el mundo buscando la belleza y la novedad, tratando constantemente de estimular nuestro espíritu, a través de diversas expectativas. Pero lo sorprendente de esto es que todo lo que necesitas para sentirte feliz y pleno, se encuentra ya dentro de ti mismo.

Al principio puede que te confronte esta afirmación, si nunca la habías escuchado. Pero si vas más lejos e investigas, antiguos pensadores, monjes budistas, y hasta los modernos *life coaches* de hoy en día, acabarán contándote que las técnicas de trabajo con uno mismo son importantes, como por ejemplo las sesiones terapéuticas, los libros de autoayuda, los talleres de autoconocimiento, los retiros de meditación y ese largo etcétera de maravillosos métodos. Pero como colofón, te confesarán que el único y más efectivo método que todos estamos buscando para sentirnos completos y auténticos, se encuentra ya dentro de ti.

Aprender a apreciar, sin contar con estimulantes externos, quién eres ahora mismo, te dará una nueva perspectiva en la vida, ya que una forma de encontrar lo que buscamos, es creándolo primero en nuestro interior.

Utiliza estas líneas para escribir cuatro apreciaciones que hayas tenido hacia ti mismo durante los últimos días o semanas. Escribiéndolas estarás prestándole atención activa a tu interior, consiguiendo así estimular genuinamente tu espíritu.

Ayer aprecié mucho tener el valor de dar mi opinión sobre el cambio climático delante de todos esos desconocidos, sobre todo porque últimamente me cuesta dar mi opinión en público. Tener claras mis convicciones y saber expresarlas es el primer paso para fortalecer mi personalidad y mostrar confianza en mis creencias.

*Constitución, valores*

1. _______________________________________

_______________________________________

_______________________________________

2. _______________________________________

_______________________________________

_______________________________________

3. _______________________________________

_______________________________________

_______________________________________

4. _______________________________________

_______________________________________

_______________________________________

## 25. Mil vidas leídas

"Un lector vive mil vidas antes de morir - dijo Jojen.
Aquel que nunca lee vive solo una [...]".
*Extracto de la saga* Juego de Tronos *escrita por George R.R. Martin*

Leer es uno de los cambios que mayor recompensa aporta con menor nivel de esfuerzo. Sin libros, este que tienes entre tus manos no podría haber sido escrito. Casi todos hemos leído de adolescentes, cuando en el colegio nos mandaban leer libros; algunos dejamos de hacerlo al acabar el instituto (en parte porque pensamos que no teníamos el tiempo suficiente) y así abandonamos uno de los hábitos que más impacto podría haber tenido en nuestras vidas.

Leer es una de las actividades que nos permiten incrementar el número de recursos que tenemos a nuestra disposición para conseguir nuestros objetivos. Miles de personas antes que nosotros han plasmado sus experiencias en papel, y recorrer sus vidas a través de sus palabras es una forma de evitar tener que pasar por problemas que otros ya superaron. Además, la persona que lee parece que ha vivido muchas vidas a lo largo de una, mientras que la que nunca lee, basará todo y cuanto sabe solo en su propia experiencia. Por si no fuese suficiente, cuando lees aprendes, y aprender te hace sentirte mejor, hace que tu cerebro esté hace más sano, te motiva y, en definitiva, te hace más feliz.

Empieza como te recomendamos casi siempre, con un pequeño objetivo, como por ejemplo leer un libro cada mes. Para ello, dedícale, todos los días, al menos quince minutos a un libro. Un cuarto de hora te puede parecer poco, pero con ello conseguirás construir un hábito de lectura que más tarde será difícil saltar. También puedes empezar con libros sobre temas que te interesen (te recomendamos probar diferentes estilos hasta encontrar el que más te enganche). A nosotros, personalmente, nos encanta leer biografías, ya que nos inspiran las historias de las personas que admiramos, aprendemos sin cesar y, además, normalmente son libros muy entretenidos.

Si ya eres de los que cuentan con el hábito de leer, el reto que puedes ponerte es el de leer, cada año un libro más que el anterior... ¡O más!

Hazte la promesa de que vas a encontrar el tiempo que te falta para leer, sacándolo de otras actividades que pueden esperar o que no te van a aportar nada a largo plazo. Por ejemplo, puedes cambiar media hora de televisión por la noche por media hora de lectura antes de ir a dormir, o cambiar los veinte minutos que pasas en *Instagram* y *Facebook* por unos minutos de lectura de un libro que te apasione. Utiliza la *Oportunidad* 57 (página 245) para descubrir más tareas que sobran en tu vida y que podrías cambiar por leer más.

Escribe al menos tres libros que te gustaría leer en los próximos meses; escribiéndolos te estarás comprometiendo contigo mismo.

1. _______________________________________________

2. _______________________________________________

3. _______________________________________________

Ahora escribe la fecha en la que habrás acabado de leer estos tres libros y así estarás reforzando el compromiso.

___ / ___ / _____

*Objetivos, acciones*

50%

*creación*

## 26. 21 días de viaje al futuro

*"Eres más productivo haciendo quince minutos de visualización
que de dieciséis horas de trabajo duro".*
*Abraham Hicks, autora y speaker*

El poder de la visualización creativa es inimaginable y, como ya habrás podido comprobar, dedicamos gran parte de este libro a practicar esta herramienta mágica. A estas alturas, seguro que ya tienes sueños definidos y has empezado a visualizarlos con alguno de los métodos y consejos que has aprendido. En concreto, en la último *Oportunidad* de creación conociste tu gimnasio para visualizar. Como la mejor forma de mejorar es entrenando, ahora vas a afianzar lo que has aprendido para crear más con las visualizaciones. En esta *Oportunidad* te proponemos visualizar durante veintiún días un único sueño. ¿Por qué durante veintiún días? Porque si durante ese tiempo haces, dices o eres algo que deseas en tu vida, al cabo de esos días se convertirá en un hábito.

La primera parte de la *Oportunidad* consiste en guiarte, con sencillos pasos, a la base de tu viaje a tu futuro. Elige uno de tus sueños, puede ser del capítulo *Mis Fundamentos* o cualquier otro que se te ocurra. Estos primeros veintiún días visualizarás solo ese sueño. Más adelante expándelo a otros sueños, para así seguir experimentando en primera persona cuán importante es imaginar y fantasear en el presente. Redacta brevemente a qué sueño vas a viajar durante los próximos veintiún días:

_________________________________________________

_________________________________________________

Escribe la fecha en la que quieres que la visualización suceda:

___ / ___ / _______

Si ya lo sabes, escribe brevemente el escenario y lugar donde quieres que suceda la visualización: exterior, en una casa, montaña, playa, ciudad, etc.

_________________________________________________

Ahora piensa qué personas te rodean, quién quieres a tu lado en ese viaje: escribe sus nombres, si son nuevas personas para ti o incluso si estás solo.

---

Por último, explica con unas palabras la razón por la que quieres practicar esta visualización. ¿Qué sentido tiene para ti? ¿Por qué quieres llegar a hacer, decir o ser lo que sueñas?

---

---

---

La segunda parte de la *Oportunidad* es más extensa: dedica diez minutos diarios, durante los próximos veintiún días, a visualizar el sueño que has escrito más arriba. Ponte una alarma o un recordatorio por escrito para no olvidarte. Antes de cada visualización, siéntate solo durante un minuto, como si fueras a meditar. Respira hondo tres veces y empieza a viajar al futuro imaginando tu sueño con las características que has desarrollado arriba. Cada día, añade más detalles, más diálogos entre personas, más colores y matices, más determinación; fantasea sin reparo, crea sin límites. Se trata de tu futura vida, así que pon toda la carne en el asador, visualiza extraordinariamente. Utiliza alguna de las técnicas que ya has aprendido.

Te dejamos espacio para que, después de cada visualización, apuntes el tiempo de duración, cómo te has sentido y qué aspectos has descubierto ese día. Escribe esquemáticamente para recordarlo más tarde.

Día 1: Nueve minutos. Me he sentido viva y super feliz. El mar en mi estilo de vida.

Somos aquello que creemos ser, aquello que imaginamos. Entonces, ¿invertirás parte de tu presente en crearte a ti mismo en el futuro? ¿Estás preparado para idear aquella persona que sueñas ser?

*Razón de Existencia, sueños*

## 21 DÍAS DE VIAJE AL FUTURO

Día 1: ______________________________________________________

Día 2: ______________________________________________________

Día 3: ______________________________________________________

Día 4: ______________________________________________________

Día 5: ______________________________________________________

Día 6: ______________________________________________________

Día 7: ______________________________________________________

Día 8: ______________________________________________________

Día 9: ______________________________________________________

Dia 10: ______________________________________________________

Día 11: ______________________________________________________

Día 12: ______________________________________________________

Día 13: ______________________________________________________

Día 14: ______________________________________________________

Día 15: ______________________________________________________

Día 16: ______________________________________________________

Día 17: ______________________________________________________

Día 18: ______________________________________________________

Día 19: ______________________________________________________

Día 20: ______________________________________________________

Día 21: ______________________________________________________

## 27. Comer con los cinco sentidos

*"La idea es ganarse el sabor. Nadie te lo da".*
*Jamie Oliver, chef estrella y defensor de una dieta saludable*

¿Cuántas veces comes sin darte cuenta de los sabores,
de los olores e incluso de los colores de la comida?

Comer conscientemente no es solo beneficioso para el cuerpo, ya que entonces este necesita menos comida para saciarse. Sino que también es una genial forma de mejorar tu consciencia en el presente. ¡Hoy vas a comer una manzana con tus cinco sentidos!

Para hacer el ejercicio necesitarás una manzana. Busca una que tenga un aspecto delicioso y que, al verla, se te haga la boca agua. Si no tienes manzanas, puedes buscar cualquier otro alimento, pero intenta que sea una fruta o un fruto seco, como por ejemplo pasas o nueces. Busca un lugar tranquilo, donde no haya mucho ruido y puedas sentarte cómodamente a disfrutar.

Cuando estés delante de la manzana, guíate con las preguntas siguiendo el orden que te hemos preparado y añade cualquiera que se te ocurra por el camino de los sentidos. Déjate al menos tres minutos para cada pregunta. No corras, se trata de estar presente durante el máximo tiempo posible.

### VISTA

Mira la manzana por fuera: ¿Qué colores tiene?, ¿tiene motas de colores o es uniforme?, ¿es grande, mediana o pequeña?, ¿el rabo de la manzana es largo o corto? Ahora ábrela con un cuchillo, ¿tiene muchas pepitas? ¿Qué color tiene por dentro? Intenta concentrarte en el más mínimo detalle.

### OLFATO

¿Qué olor tiene la manzana?, ¿huele muy dulce o más bien ácida?~, ¿es el mismo olor al que estás acostumbrado a oler en otras manzanas?, ¿hay diferencia en el olor externo e interno de la manzana?

## TACTO

¿Qué sensaciones produce tocar su piel?, ¿es suave?, ¿qué temperatura tiene? Una vez que la has cortado, ¿en se diferencia el tacto de la piel de la manzana con su interior?

## OÍDO

Corta algún trocito más de la manzana. ¿Qué ruido hace al cortarla con un cuchillo? Dale un buen mordisco, ¿cómo suena? Ahora dale un mordisco pequeño, como si no quisieras casi ni tocarla, ¿es diferente el sonido?

## GUSTO

Por fin ha llegado el momento que esperabas, disfruta de cada mordisco, de la sensación de notar la manzana partirse entre tus dientes, de la activación de tus papilas gustativas. ¿Está muy dulce? ¿Qué tal la acidez? ¿Qué consistencia tiene por dentro la manzana? Y la piel, ¿qué textura tiene?

¿Qué diferencia hay entre comer la manzana con los cinco sentidos o a toda prisa mientras estás haciendo otras cosas?

---

---

Practica esta *Oportunidad* tantas veces como quieras, variando el tipo de comida y aprendiendo paulatinamente a frenar la rutina acelerada, y a ser más consciente de lo que tocas, escuchas, hueles, ves y saboreas cada día. Lógicamente, no vas a poder disponer de suficiente tiempo al día para detenerte en todas las comidas del día, por ello la *Oportunidad* 51 (página 235) te ayudará, de manera práctica, a llevar la consciencia a tu plato.

*Acciones*

"Conténtate con lo que tienes,
regocíjate en cómo son las cosas.
Cuando te das cuenta de que no falta nada,
el mundo entero te pertenece".
*Lao Tzu, filósofo y autor del libro* Tao Te Ching

*g r a t i t u d*

## 28. Mi semana de la gratitud

Cuando aprecies lo que tienes, te darás cuenta de que es suficiente. Nunca necesitarás más de lo que la vida te dé. Deja de fijar tu mente en cosas que no posees y date cuenta de todo lo que sí posees.

¿Cómo valorar más lo que ya tienes? Piensa lo mucho que querrías las cosas que ya tienes si no las tuvieses (aunque tampoco te vuelvas tan loco por ellas que pudieras llegar a sentirte mal si las perdieses). En esta *Oportunidad* vas a practicar la gratitud constantemente de forma que te ayude a ser más feliz con lo que tienes y con lo que eres. Tómatelo como si fuera una rutina, un credo, un rezo, un mantra o una disciplina.

Esta *Oportunidad* consiste en agradecer dos aspectos de tu vida todos los días. Para empezar a crear este hábito, te hemos dejado una página para escribir la primera semana de gratitud. A partir de ahí, decide si quieres seguir escribiendo aquello por lo que estás agradecido o si prefieres recitarlo mentalmente, lo importante es llegar a imaginar y sentir el agradecimiento.

Escoge una hora del día. Te recomendamos que sea bien pronto por la mañana, nada más levantarte; o por la noche, justo antes de acostarte. Intenta que sea siempre a la misma hora. Una vez que le cojas el gusto, no te llevará más de dos minutos. Conforme lo practiques te darás cuenta de que, sin duda, es un poderoso y sencillo hábito de gratitud que cambiará tu sensación de que nunca eres o tienes suficiente.

1. Gracias por la comida riquísima que me ha preparado mi padre hoy.

2. Gracias por la llamada de teléfono de Laura, que me ha alegrado el día.

*Acciones*

# MI SEMANA DE GRATITUD

## Día 1

1. _______________________________________________

2. _______________________________________________

## Día 2

1. _______________________________________________

2. _______________________________________________

## Día 3

1. _______________________________________________

2. _______________________________________________

## Día 4

1. _______________________________________________

2. _______________________________________________

## Día 5

1. _______________________________________________

2. _______________________________________________

## Día 6

1. _______________________________________________

2. _______________________________________________

## Día 7

1. _______________________________________________

2. _______________________________________________

## 29. Baila, ríe y canta

"Vivir es ser musical,
comenzando con la sangre bailando en tus venas.
Todo lo que vive tiene un ritmo.
¿Sientes tu música?".
*Michael Jackson, cantante conocido como el* Rey del Pop

Realizar actividades que nos mantienen en el presente nos hace sentir vivos y además nos hace soñar, por eso son el tipo de actividades que deberíamos incluir en nuestra rutina diaria.

Distraídos completamente por nuestras obligaciones y quehaceres diarios, nos olvidamos de esos pequeños gestos de soltura, de travesura o de locura que tanto nos ayudarían a superar las pequeñas dificultades de nuestro día a día. ¡Estamos hablando, ni más ni menos, que del arte de bailar, cantar y reír!

Se trata simplemente de pausar lo que estás haciendo para sentir la música, darte unos meneos, entonar una de tus canciones favoritas o reír con tu persona preferida. Hoy concéntrate en cantar más, en bailar aunque no vayas a una pista de baile, en reírte a carcajadas sin necesidad de escuchar un chiste, en sonreír sin motivo, en perder la vergüenza y sacar tu yo más íntimo y gracioso, porque verás que es casi imposible hacer todo esto y no ser feliz.

Para esas ocasiones en las que estés cansado o con pocas ganas de cambiar tu estado emocional, te recomendamos usar anclajes. Un anclaje es un estímulo que tú mismo provocas sobre tus sentidos para conectar más fácilmente con el estado emocional que deseas.

En esta *Oportunidad* la música puede ser un anclaje idóneo del sentido auditivo. Créate una *playlist*, o lista de reproducción, con canciones para cada estado emocional que requiera el momento. Una *playlist* para que de repente tus caderas empiecen a moverse, otra para sacar tu mejor voz, otra para motivarte, otra para visualizar, etc. ¡La música puede tener un impacto brutal en tu estado de ánimo! Y también te puede ayudar a aumentar tu productividad y crear felicidad!

En esta *Oportunidad* aplica la siguiente frase que también hemos representado con un sencillo algoritmo. Ten en cuenta que podrás utilizarla prácticamente en cualquier otro ámbito de tu vida.

¡Si te estás divirtiendo, lo estás haciendo bien!

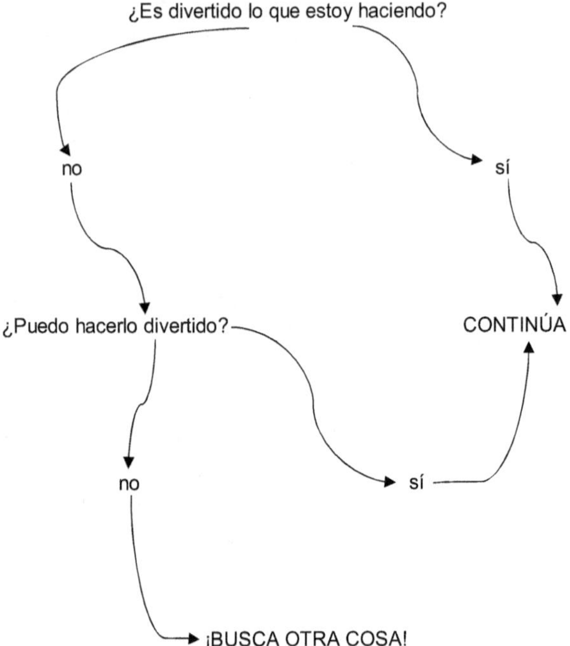


Con esta *Oportunidad* vas a asegurarte de que, a partir de hoy, tus días estén llenos de diversión. Antes de ir a dormir esta noche, escribe si durante el día que acabas de vivir, has tenido al menos cinco situaciones de diversión. Incluye para cada situación algunos adjetivos diciendo cómo te has sentido al haber reído, bailado o cantado como nunca.

Cuando he llegado a casa, he puesto mi canción de reguetón preferida y me he puesto a bailar y cantar. Mis compañeros de piso me han mirado raro al principio, pero al ver lo radiante que estaba, se han unido a mí y ha sido un momento ¡épico!

1. _______________________________________________

_______________________________________________

2. _______________________________________________

_______________________________________________

3. _______________________________________________

_______________________________________________

4. _______________________________________________

_______________________________________________

5. _______________________________________________

_______________________________________________

Si no has conseguido llenar tu día de hoy con cinco momentos únicos, vuelve mañana a esta *Oportunidad*, antes de pasar a la siguiente, e inténtalo otra vez. Si recuerdas lo que aprendiste con la *Oportunidad* 11 (página 153), la diversión puede ser un buen complemento para tus hábitos de felicidad.

Llena tu día de momentos con ritmo, y así irás camino de convertirlos en *Días de Museo*.

## 30. Discurso de mi 80 cumpleaños

*"El poder de la imaginación creó la ilusión de que mi visión
iba mucho más allá de lo que el ojo humano podía ver".
Nelson Mandela, activista contra el apartheid y Premio Nobel de la Paz*

En esta *Oportunidad* vas a hacer un viaje en el tiempo hacia el futuro. Imagínate que hoy es tu 80 cumpleaños, hazlo con todo tipo de detalle: qué día de la semana y qué hora es, con quién estás celebrándolo, dónde estáis, qué hay para comer, qué música ponéis, etc. Cuando te metas en el papel, es importante que visualices todo lo suficientemente bien para identificarte mejor y llegar a tus sentimientos más profundos.

Una vez visualizado esto, imagina que frente a ti están todos los invitados de la fiesta: familiares, amigos, gente joven, mayor, compañeros de viaje y de trabajo... Y todos están esperando a que les digas unas palabras. Pero también piensa que algunas de las personas que están a tu alrededor hoy, dejarán de estarlo cuando tengas ochenta años. Asimismo, también aparecerán nuevas personas en tu vida.

Puedes empezar nombrando a las personas más importantes en tu vida y dedicar a cada uno de ellos unas bonitas palabras. Otra idea es que les cuentes qué has hecho durante tu vida, dónde estuviste, qué personas conociste, cuál es el porqué de tu *Razón de Existencia* y cómo la conseguiste, etc. Pero sobre todo, no te olvides de expresar cómo te sientes ahora que tienes ochenta años.

La imaginación que desarrollarás en esta *Oportunidad* te ayudará a descubrir nuevos aspectos de tu futuro lejano y de también de tu futuro cercano. Pero sobre todo, te ayudará a crear la ilusión de que la visión de tu futuro va más allá de lo que eres hoy.

¡Aprende a tomar decisiones de esas
que harán no arrepentirte cuando tengas ochenta años!

*Razón de Existencia, Constitución, valores, sueños*

## DISCURSO DE MI 80 CUMPLEAÑOS

## 31. ¿Listos? 3, 2, 1... ¡Acción!

*"La regla 7-38-55 y los elementos de la comunicación:*
*7% viene de tus palabras, 38% del tono de tu voz y 55% de tu lenguaje corporal"*
*Concepto creado por Albert Mehrabian en su libro* Mensajes silenciosos

¿Por qué nos puede incomodar ver nuestra imagen en un video?
¿Por qué nos sentimos raros cuando oímos nuestra voz grabada?

El sociólogo Mike Featherstone (en su libro Cultura de consumo y posmodernismo) defiende que no nos gusta vernos ni escucharnos en video, ya que hasta hace poco la imagen fija (fotos) había sido la principal forma de reconocernos y de proyectarnos en los demás, en contraposición a la imagen secuencial o video, que añade la dimensión del tiempo a la imagen fija y que ocasiona que, cuando vemos nuestro cuerpo en movimiento en un vídeo, no seamos capaces de identificarnos con la imagen que vemos de nosotros mismos.

Con el sonido de nuestra voz sucede algo muy similar. Nuestra cabeza funciona como una caja de resonancia, es decir, el sonido viaja por sólido. En cambio, cuando nos escuchamos en una grabación, este viaja a través del aire hasta llegar a nuestros oídos, de forma que crea una tonalidad distinta que nos lleva a rechazar nuestra voz al no reconocerla como propia.

Nos comunicamos diariamente con muchas personas, transmitiendo señales auditivas y movimientos corporales que dicen mucho sobre nuestra persona y que nos definen inmediata e inconscientemente. Por ese motivo uno de los primeros beneficios de observarse en video, es determinar si es así como queremos transmitir quiénes somos; en caso contrario, podemos aprovechar el momento para cambiar nuestra forma de expresarnos corporalmente.

Esta *Oportunidad* consiste en coger una cámara cualquiera, como la que puedas tener en tu *smartphone*, y grabarte en video. Habla de lo que quieras, muévete como lo sientas, grábate en diversos planos hacia la cámara.

Simplemente grábate unos cuantos minutos siendo la persona que eres cada día, como si no existiese la cámara, intenta ser natural. Una vez grabado, es el momento de observarte y analizar el video: cómo te mueves, cómo hablas, qué expresión tienes en la cara cuando dices una u otra palabra, etc. Responde a las siguientes preguntas sinceramente:

¿Estás transmitiendo ser esa persona que tanto imaginas en tu mente o estás viendo a una persona totalmente diferente?

_______________________________________________

_______________________________________________

_______________________________________________

_______________________________________________

¿Qué emociones sientes cuando te escuchas y te observas? ¿Vergüenza o timidez?, ¿confianza y entereza?, ¿ansiedad o relajación? Expláyate.

_______________________________________________

_______________________________________________

_______________________________________________

_______________________________________________

Vivimos en un mundo rodeados de cámaras casi las veinticuatro horas del día. Nos hacemos fotos y vídeos mientras comemos, hacemos deporte, trabajamos y hasta cuando dormimos. Nunca antes había tenido tanto sentido ponerse a perder el miedo a escuchar la propia voz y a observar el lenguaje corporal. Hoy es el momento para esto, ¡justo ahora!

*Acciones*

## 32. Cuatro preguntas para conectar

*"Sin saltos de imaginación o sueños,
perdemos la emoción de las posibilidades.
Soñar, después de todo, es una forma de planificación".*
*Gloria Steinem, periodista y activista por los derechos de la mujer*

Cuando visualizas, no estás atrayendo lo que deseas a tu vida en forma de magia, lo que realmente estás haciendo es poner más enfoque en lo que sí deseas en vez de en lo que no, planificando así tu futuro de manera consciente. Imagina que cuando no usas el poder de la visualización eres como una bombilla que emite luz hacia todas las direcciones. En cambio, cuando pones tu foco en lo que realmente quieres, eres como el láser que apunta con toda su energía en un único punto y así tanto tu motivación como tus acciones son muchísimo más efectivas. Tanto que podría parecer que tu éxito ha sido gracias a la magia o una energía externa, pero realmente ha sido únicamente gracias a ti y al plan que creaste en tu mente.

En el capítulo *Fundamentos* te dimos las técnicas y consejos para visualizar. En la *Oportunidad* 22 (página 172) aprendiste qué es un gimnasio para visualizar. En esta *Oportunidad* vamos a darte cuatro preguntas que podrás utilizar para empezar una visualización. Estas preguntas te servirán incluso cuando te encuentres atascado durante una visualización ya que te ayudarán a crear un contexto y a conectar más fácilmente con tus sentimientos. Cuanto más detalle obtengas de tus visualizaciones, más claridad obtendrás de lo que quieres y, inconscientemente, cada día te estarás acercando más a tu objetivo.

Ahora te toca practicar lo que te acabamos de explicar con una visualización. Escribe un objetivo que tengas para los próximos seis meses:

---

Una vez escrito, observa primero las cuatro preguntas que tienes abajo y entonces visualiza. Ve recreándolos una a una en tu mente y, cuando acabes de soñar, contesta con todo detalle en el espacio que te hemos dejado.

*Razón de Existencia, sueños, objetivos*

¿Dónde te encuentras en ese momento?

¿Quién está a tu alrededor?

¿Qué estás haciendo en ese momento?

¿Qué tipo de emociones estás sintiendo?

"¿Habéis visto cuando es feliz un perro? [...]
Un perro no es feliz cuando come,
es feliz cuando le estás preparando la comida.
¿Sabéis lo que significa esto? [...]
Que la felicidad nunca viene de conseguir algo.
La felicidad viene por tener motivos
por los cuales levantarse cada mañana".
*Emilio Duró, empresario y conferenciante*

*c o n s c i e n c i a*

## 33. Y tú, ¿te sientes vivo?

Como bien dijo Emilio Duró en su conferencia del VI Congreso de Comercio Gallego: "la felicidad está en el camino, en la sala de espera y no en el destino". Y una original forma de comprobar si estás disfrutando, es observando cómo te levantas cada día de la cama. Obsérvate los próximos días en esta situación y pregúntate: "¿Me cuesta despertarme barbaridades, alargo la alarma, siento que podría quedarme entre las sábanas durante horas, incluso me gustaría que el día pasara lo más rápido posible? ¿O en cambio me despierto con ganas de vivir al máximo, no puedo esperar a que empiece el día para vivir mis pasiones y mi *Razón de Existencia*, salto de la cama en cuanto oigo el despertador?

Como la mayoría de las cosas en la vida, no hay blanco o negro, ya que puede que te encuentres en algún punto entre las dos preguntas. Por ello la siguiente *Oportunidad* te va a ayudar a ponerte en acción y acercarte más al lado de la pasión.

En las siguientes dos preguntas vas a contestar qué te apasiona en tu día a día, y qué te hace sentir todo lo contrario. Puedes incluir cualquier cosa que se te ocurra, desde situaciones hasta personas. Si no se te ocurre nada, mantén la atención durante el día de hoy, y durante los próximos días, para descubrir un poco sobre ti mismo. El primer paso para encontrar la pasión es reconocer qué es lo que te llena de energía.

¿A qué cosas de mi día a día le faltan pasión e intensidad?

Conducir media hora por el tráfico de la ciudad hasta mi trabajo.

¿Qué vivo con total ilusión cada día?



Vamos a ir un poco más allá con esta última pregunta, para descubrir aún más qué te hace sentir totalmente vivo. ¿Cuáles de las actividades anteriores podrías hacer todos los días de tu vida? ¡Sí, todos los días! Imagínate que debes escoger algo que tienes que hacer cada día para el resto de tu vida. También puedes incluir cosas que actualmente no haces de manera regular o incluso que no haces pero te gustaría incluir en tu vida.

Cada día es un símil de la vida. Cada veinticuatro horas que vives es como una vida en miniatura: naces por la mañana y mueres por la noche. Visto desde esta perspectiva, la concepción de la cantidad de tiempo del que dispones se empequeñece de tal forma que te darás cuenta de la importancia de vivir con vitalidad no solo cada día, sino cada hora. Por ello, tanto en la vida privada como en cualquier otro ámbito, vivir con total intensidad de forma que no te arrepientas al final del día, es la clave para una vida plena. Si ese no es tu caso, cambia y busca aquello que te dé esa pasión.

Las cosas que te hacen estar vivo no son por casualidad. Están de alguna forma conectadas con tu destino, con tu camino, hasta puede que con tu *Razón de Existencia*. Aunque ahora todavía no seas capaz de verlo.

*Razón de Existencia, sueños*

*gratitud*

## 34. Enchufados a la vida

"Nadie te va a recordar por tu currículum, sino por tu forma de ser".
*Victor Küppers, conferenciante y profesor*

Existe una manera curiosa de dividir a las personas según su forma de ser y que es totalmente independiente de su currículum, estatus social, nivel económico o cualquier filtro que se te ocurra. Hay dos tipos: los ladrones de energía y los enchufados. Y seguro que conoces suficientes de ambos.

Los primeros son aquellos que, después de haber compartido un tiempo contigo, aunque sea solo un minuto, sales del encuentro con un estado emocional peor ¡te roban la energía! Pero concentrémonos en el segundo grupo, ¿cuántas personas conoces capaces de sacarte una sonrisa nada más verlas? ¿Personas que lo primero que hacen es interesarse por ti, y no perderse en cotilleos? ¿Personas con las que pasar cinco minutos te proporciona la mejor dosis de energía positiva posible?

Busca en tu memoria a aquellas personas que te hicieron sentir mejor persona al estar cerca de ellas. Elige a dos y describe brevemente el momento y la manera en que te hicieron sentir mejor. Revivir estos momentos con estas personas te hará darte cuenta de con quién tienes que pasar más tiempo.

Enchufado: Adelia, mi compañera de marketing.
Cada mañana, cuando nos vemos, lo primero que hace es decir un "¡Buenos días!".
Después me pregunta qué tal estoy, interesándose de verdad, y así me alegra el día.

Enchufado: _______________________________

_______________________________________________________________

_______________________________________________________________

Enchufado: _______________________________

_______________________________________________________________

_______________________________________________________________

## 35. Conversando contigo mismo

"Tu conversación interna es una invitación al cambio".
*Jennifer Ho Dougatz, profesora*

¿Quién es la persona más influyente en tu vida?
¿Quién ha tenido mayor impacto en ti hasta ahora?

Por increíble que parezca, la respuesta a esta pregunta es la misma para todas las personas del planeta: ¡YO! La persona que más te influencia cada día eres tú. Parece lógico, sobre todo cuando piensas que eres la única persona con la que, desde que naciste, has pasado todos los días veinticuatro horas del día. Hasta durmiendo tienes un impacto sobre ti mismo.

¿Cuántos diálogos y conversaciones internas has tenido hasta ahora? ¡Seguramente millones! La mayoría de nosotros carecemos de educación sobre higiene mental, aunque tengamos abundantes conocimientos en otras áreas. Es decir, quizás sepamos decir la palabra "gracias" en varios idiomas, pero seamos incapaces de usarla con nosotros mismos. La resistencia mental es otro factor clave en las conversaciones con uno mismo. Hemos aprendido a entrenar nuestro cuerpo llegando a ser capaces de correr kilómetros o de levantar un centenar de kilos, pero en cambio hemos olvidado entrenar la mente de forma que nos haga centrarnos en lo bello de la vida y no solo en los puntos débiles.

Considera la siguiente *Oportunidad*, como un gimnasio para tus conversaciones internas, donde vas a aprender lo importante que es darse cuenta de los diálogos que ocurren de manera consciente e inconsciente lo largo del día.

Para empezar, observa al menos cuatro diálogos que hayas tenido contigo mismo durante el día de hoy. No trates de juzgarlos o cambiarlos, simplemente apunta cómo te has hablado e intenta usar las palabras exactas que utilizaste. A la hora de escoger los cinco diálogos no te lo pienses mucho, déjate llevar. Ten en cuenta que en un día normal realizas una media de 60.000 pensamientos, así que escoge cualquiera de ellos, ¡no lo pienses demasiado!

Cuando estaba esperando al autobús he recordado: "Si tuviera más tiempo, podría salir a correr hoy, pero mejor voy mañana. ¡Qué poca fuerza de voluntad tengo!".

1. _______________________________________________

_______________________________________________

2. _______________________________________________

_______________________________________________

3. _______________________________________________

_______________________________________________

4. _______________________________________________

_______________________________________________

Sin darnos cuenta, el lenguaje que usamos con otros y con nosotros mismos nos define, determina qué sentimos realmente por dentro, cuáles son nuestras verdaderas opiniones, qué limitaciones albergamos, etc. Fíjate en el uso de este lenguaje limitado: *no puedo, si pudiera, tengo que, si...*

La capacidad de observar tus diálogos te dará el poder para mejorar y dar más sentido a tu lenguaje. Revisa los cuatro diálogos que acabas de escribir:

- Tacha las palabras que te están limitándote y sustitúyelas por motivantes.

- Aquellas que tengan un impacto positivo en tu vida, márcalas con cualquier color o de alguna forma para que te acuerdes de usarlas más.

El análisis de estas palabras te ayudará a descubrir si tus diálogos internos te están perjudicando o si te están haciendo mejorar tus pensamientos y, consecuentemente, a ti mismo. En la próxima *Oportunidad* vas a aplicar lo que acabas de aprender para diseñar tu futuro.

*Objetivos, acciones*

## 36. La estrategia del tirachinas

*"Nuestros pensamientos determinan cómo nos comportamos".*
*Bangambiki Habyarimana, trabajador social y escritor*

La realidad la creas antes en la mente que en el mundo físico, por lo que controlar tus pensamientos va a conseguir cambiar tus resultados. Aquello a lo que le dedicas tiempo y espacio en tu mente, acaba convirtiéndose en realidad. ¿No te lo crees? Te lo explicamos muy visualmente con el siguiente ejemplo: Cuando un amigo te habla de su nuevo coche rojo, de repente las calles están llenas de coches de ese color; o cuando estás hablando de alguien que tiene el pelo rizado, sales a la calle y parece que se todas las personas de pelo rizado hayan puesto de acuerdo para salir.

Esta vez vas a llevar un paso más allá lo que aprendiste en la *Oportunidad* anterior, en concreto vas a visualizar con frases positivas e imperativas, así tu subconsciente se pondrá a trabajar hacia la dirección que deseas.

¿Te has sentido alguna vez traicionado por tus propios pensamientos?

Como ejemplo, piensa en ese día en que quieres levantarte pronto por la mañana, pero cuando suena el despertador lo primero que haces es apagarlo y seguir durmiendo. Para cambiar este tipo de acciones automáticas que pueden llegar a convertirse en hábitos, vamos a usar la estrategia del tirachinas. Primero piensa en dos comportamientos actuales que te gustaría cambiar, puede ser un pequeño mal hábito. Eso sí, asegúrate de que es algo que dependa de ti para poder cambiarlo. Cuando lo tengas, escribe el pensamiento o frase que te hace actuar así.

Comportamiento actual: antes de ir a dormir tengo que mirar mi *smartphone* un rato.

Comportamiento actual 1: _______________________________________________

_______________________________________________________________________

Comportamiento actual 2: _______________________________________________

_______________________________________________________________________

Ahora utiliza lo aprendido en la *Oportunidad* anterior, de forma que utilices el lenguaje adecuado para cambiar ligeramente la frase y así se convierta en el pensamiento del resultado que deseas.

Comportamiento deseado: la última hora antes de irme a dormir soy capaz de estar desconectado del mundo y tener tiempo para mí solo.

Comportamiento deseado 1: _______________________________________

_______________________________________________________________

Comportamiento deseado 2: _______________________________________

_______________________________________________________________

Ahora vas a poner en marcha la estrategia del tirachinas. Ponte en el estado mental y emocional que has aprendido para visualizar. Después imagina que el comportamiento que quieres eliminar es la bola que vas a lanzar con tu tirachinas y crea una imagen con poco detalle (colores neutros, oscuridad, etc.). Deja unos pocos segundos y entonces imagina que sueltas el tirachinas y, justo cuando la bola sale, se convierte en una imagen viva del comportamiento deseado. A esta imagen ponle todo tipo de efectos, deléitate con cada detalle de esta visualización.

El objetivo es entrenar el subconsciente para que cada vez que tengas el pensamiento que quieres eliminar, lo destruyas enseguida de tu mente y lo sustituyas por el nuevo pensamiento, con una imagen totalmente clara y definida de lo que quieres. Verás cómo tus pensamientos acabarán modificando tu comportamiento.

Durante los próximos días, dedica unos minutos a visualizar la estrategia del tirachinas con estos dos comportamientos que quieras modificar. Para acordarte, puedes escribir el nuevo pensamiento en algún donde puedas verlo cada día, o puedes repetírtelo a ti mismo periódicamente. Haz todo esto con la actitud correcta, como si ya estuvieses comportándote de la forma que quieres. Verás cómo pronto estarás pensando en otros comportamientos que puedas modificar.

*Objetivos, acciones*

### 37. ¿Eres ladrón de energía o enchufado?

"Si lo que vas a decir no es más bello que el silencio: no lo digas".
*Proverbio árabe*

Las palabras son un fiel reflejo de tus emociones. Como ya descubriste en la *Oportunidad* 35 (página 202), el poder de tus palabras sobre ti mismo es incalculable. Todo diálogo interno pasa un filtro mental y si así lo decides sale al exterior de tu mente en forma de palabras hacia otras personas. Eso es justamente lo que vamos a tratar en esa *Oportunidad*.

Presta atención durante el día de hoy a qué tipo de palabras utilizas con los demás. Ya sea hablando cara a cara o por teléfono. Fíjate incluso en qué tipo de palabras escribes en *emails* o *whatsapps*. Apunta al menos cinco formas de comunicarte y con quién o en qué contexto han ocurrido.

En la reunión semanal, durante mi presentación, he dicho: ¡Ninguno me estáis entendiendo!

1. _______________________________________________________

2. _______________________________________________________

3. _______________________________________________________

4. _______________________________________________________

5. _______________________________________________________

Ahora que tienes una pequeña muestra de cómo te comunicas con el exterior, vamos a analizarla. ¿Cómo son tus palabras? ¿Animas o desanimas?, ¿apoyas o criticas?, ¿hablas de las cosas buenas o te centras en las malas?

Como ya leíste en la *Oportunidad* 34, existen dos tipos de persona: por un lado, las que cargan de energía el entorno y mejoran la vida de quienes les rodean; por otro lado, los ladrones de energía, que basta con juntarse con ellos para que tu energía desaparezca.

Por ello es altamente recomendable pensar en lo que uno dice y qué impacto tiene en los demás. Si no vas a mejorar el silencio, tal vez es porque no vale la pena hablar. Observa los diálogos que has tenido hoy con otras personas, sé sincero y honesto contigo mismo, ¿qué crees que eres en este momento de tu vida: un motivador o un ladrón de energía? Escribe el porqué.

_______________________________________________

_______________________________________________

Quizás te cueste identificar un estilo en tus diálogos, por eso hemos listado algunos patrones que te ayudarán a escoger mejor tus palabras y así ver el poder de elegirlas adecuadamente. Observa la diferencia entre los ejemplos.

- Uso de palabras extremas: *siempre, todo, nunca, nada…* ¡Busca las tuyas!
  Siempre tengo que hacer la colada yo solo, nunca me ayudas.
  La mayoría de las veces tengo que hacer la colada yo solo, apenas me ayudas.

- Evita la costumbre de contestar con negaciones.
  No, pero me gusta cómo has cambiado las clases.
  Sí, además me gusta cómo has cambiado las clases.

- Un clásico, recuerda usar palabras mágicas: *gracias, por favor, de nada…*
  Tráeme a casa lo que te he pedido.
  Tráeme a casa lo que te he pedido, por favor.

Ahora tienes una herramienta muy potente. Ten en cuenta que todo pensamiento que se convierte en palabras, con el tiempo puede convertirse en sentimientos y en acciones. ¡Dales el valor que se merecen!

*BONUS*

Esta misma *Oportunidad* puedes repetirla escuchando las palabras de otros. ¿Cómo hablan contigo las personas de tu entorno? Utiliza el poder de esta *Oportunidad* no solo para tu lenguaje, sino también para conocer mejor a la gente de tu alrededor.

*Objetivos, acciones*

## 38. Recuerda el cisne negro que eres

*"Tardamos muy poco en olvidar el hecho de que estar vivos es un elemento de extraordinaria buena suerte, un suceso remoto, una ocurrencia del azar de proporciones monumentales. Así que dejemos de preocuparnos por menudencias. Recordemos que somos un cisne negro".*
*Nassim Taleb, autor y economista*

La gratitud es una emoción como la alegría o la tristeza. Lo bueno es que es muy fácil de provocar, a no ser que estés viviendo la peor vida posible. Como seguramente no es el caso, debería ser muy sencillo encontrar algo por lo que sentirte agradecido. De hecho, ya has sido agradecido en varios ejercicios de este libro.

## ¿Cómo hacer para no olvidarte del cisne negro que eres?

La próxima vez que estés en algún momento ordinario de tu vida, que estés sufriendo alguna pequeña inconveniencia –como por ejemplo, estar atascado en el tráfico o llegar tarde a una cita–, piensa en las miles de personas que están huyendo de sus países o en las que no tienen dónde dormir o qué comer. Tras pensar en ello, vuelve a tu situación, ¿a que ya no parece tan inconveniente?

También puedes recordar esas cenas rutinarias con familiares y amigos que parecían ser una más. ¿Qué pasaría si supieses que es la última cena que podríais tener? ¿Si supieras que nunca más volverías a verlas? ¿Cambiarías totalmente tu comportamiento? ¿Te convertirías en la mejor versión de ti mismo y empezarías a sentir gratitud por todo lo que te rodea?

Ahora usa el poder de la imaginación, como hiciste en los dos ejemplos anteriores. Primero pregúntate cómo sería perder todo lo que tienes, haces y eres en este momento. Después imagina que, de repente, tienes la extraordinaria buena suerte de volver a la vida que tienes hoy, a esa que aparentemente era ordinaria. Utiliza la metáfora del cisne negro: piensa en tu existencia como si se tratase de un suceso altamente improbable y extraordinario, mucho más que el de encontrarte a un cisne negro real. Si tu imaginación está bloqueada, vuelve a la página 5 titulada "Su porqué". Y piensa en los casi 7.000

millones de personas que desearían poder cambiar su vida por la tuya, esa aparentemente ordinaria y atascada en el tráfico de la ciudad. Eres increíblemente afortunado por tener un día más y por poder disfrutarlo, eres un cisne negro. Por si no fuese suficiente, te dejamos una pequeña historia sobre esta trampa mental que tanto gustamos cometer:

Cuando solo podemos andar, deseamos una bicicleta.
Cuando tenemos una, ansiamos tener una moto.
Cuando la conseguimos, nos gustaría poder ir en coche.
Cuando lo tenemos, nos morimos de ganas por ir en un coche de lujo…
Así podríamos continuar eternamente.
Hasta que un día no tenemos nada y desearíamos, simplemente, poder andar.

Utiliza la gratitud para modificar tus emociones rápida y favorablemente en cualquier momento que lo necesites. Haz una lista de todo aquello que consideras ordinario pero que si no tuvieses echarías de menos. Agradece no solo ser un cisne negro, sino también tener una vida única e irrepetible.

¿POR QUÉ SOY UN CISNE NEGRO?

### 39. La práctica del espejo

"Perder la confianza en el cuerpo de uno es perder la confianza en uno mismo".
*Simone de Beauvoir, filósofa feminista y autora*

El cuerpo humano tiene aproximadamente treinta billones de células que son reemplazadas cada ciertos años (entre siete y diez años, normalmente). Es decir, nuestro cuerpo se renueva completamente pasado ese tiempo. Con la piel es aún más increíble: sin darnos cuenta, esta cambia cada mes. ¿Quiere decir esto que seguimos siendo los mismos a pesar de estos cambios?

Aunque podríamos decir que no somos nuestro cuerpo, sino la consciencia viviendo en él, este es el instrumento que nos permite crear la vida que queremos. Por ello, la percepción que tengamos sobre él definirá cómo lo trataremos, cómo le hablaremos y cuánta confianza y esfuerzo le dedicaremos. Somos nosotros –en nuestra pura consciencia– los que tenemos que decidir si queremos seguir unos cánones marcados por la sociedad que no se ajustan nada a la realidad o si, por el contrario, queremos seguir nuestros instintos, observar, admirar y aceptar nuestro cuerpo tal y como es, y así poder sacar el máximo potencial de él.

## ¿Cómo de consciente eres de tu cuerpo?

En este ejercicio practicarás la consciencia en estado puro. Te aventurarás en observar consciente y detenidamente tu cuerpo, cada parte de él, cada perfección e imperfección. Observarás tus pensamientos, reacciones e intentarás sacar el mayor partido a esta experiencia tan personal e íntima.

Las siguientes preguntas están diseñadas para que las contestes de la forma más sincera y genuina que puedas, ya que es así como el ejercicio tendrá el efecto deseado. Date tiempo y espacio. Busca un lugar tranquilo donde sepas que vas a estar un tiempo solo y sin planes para más tarde. Encuentra un espejo de cuerpo entero y sitúate frente a él. No tienes que hacer nada especial, simplemente, ¡desnudarte!

Prepárate para observar, en un estado de relajación y quietud, la maravillosa herramienta que todos tenemos: nuestro cuerpo.

¿Has podido realizar toda esta experiencia sin juzgarte? Si no es así, ¿qué prejuicios han aparecido?

_______________________________________________

_______________________________________________

_______________________________________________

_______________________________________________

¿Qué pensamientos te vienen a la mente? ¿son positivos o negativos? ¿son de aceptación y amor propio o de rechazo?

_______________________________________________

_______________________________________________

_______________________________________________

_______________________________________________

¿Has podido realizar toda esta experiencia sin juzgarte? Si no es así, ¿qué prejuicios han aparecido?

_______________________________________________

_______________________________________________

_______________________________________________

La sociedad y la cultura de esta generación no nos ha enseñado a tener una relación íntima y estrecha con nuestro cuerpo. Esta debería ser una relación orgullosa, de plena de satisfacción y aceptación, considerando a todos como iguales y prevaleciendo el deber de mantener un cuerpo sano y fuerte frente a todo lo demás. Esperamos que después de esta *Oportunidad* valores un poco más la importancia de querer (por no decir amar) tu cuerpo.

## 40. Tener, hacer, ser

"[...] porque la vida que queremos vivir,
podemos elegirla nosotros mismos.
Así vamos, escribamos historias
que más tarde queramos contar.
Y un día, *baby*, seremos viejos.
Oh, *baby*, seremos viejos
y piensa en todas las historias
que son nuestras para siempre".
*Julia Engelmann, poeta y actriz*

Como ya leíste en el capítulo *Fundamentos*, tu *Razón de Existencia* es la parte más importante de tu *Pirámide hacia la Creación de tu Vida*. En la *Oportunidad* 7 (página 144) hiciste un *brainstorming* con algunas ideas de qué podría ser. Más adelante en el libro, encontrarás una *Oportunidad* llamada *Ikigai* que te permitirá seguir indagando. Además, cualquiera de *Las 100 Oportunidades* puede ayudarte a descubrirla. Sabemos que descubrir cuál es el porqué de tu vida puede ser un camino arduo, pero a medida que vayas probando, verás cómo los puntos se van uniendo y descubrirás que solo era necesario ponerse a ello activa y conscientemente.

Para ayudarte a concretar tus ideas actuales, vamos a presentarte un método muy simple que usamos en diferentes *Oportunidades*. Por ejemplo, en la *Oportunidad* 52 (página 237), llamada *Mi Muro de los Sueños*, deberás añadir a la idea de *Razón de Existencia* que estás desarrollando, las siguientes tres dimensiones: tener, hacer y ser, de forma que puedas entender mejor las implicaciones tu *Razón de Existencia*. Te dejamos un ejemplo para entenderlo mejor y dos esquemas para aplicar el método con las dos ideas que más te estén convenciendo hasta ahora. Sé lo más sincero posible y expláyate sin restricciones.

*Razón de Existencia*: Pintar cuadros, crear arte que inspire a otros a superar fronteras.
Tener: Un estudio en el campo cerca del pueblo, pequeño y luminoso, donde pueda escaparme a pintar y crear. Con un banco para colores, mezclas y varios caballetes.
Hacer: Pintar cuadros de estilo vanguardista y combinarlos con esculturas de arte moderno. Quiero hacer esculturas con arcillas naturales que saque de la naturaleza.
Ser: Artista, inspirar al mundo mediante el arte.

*Razón de Existencia:* _______________________________________________

Tener: _______________________________________________

_______________________________________________

Hacer: _______________________________________________

_______________________________________________

Ser: _______________________________________________

_______________________________________________

*Razón de Existencia:* _______________________________________________

Tener: _______________________________________________

_______________________________________________

Hacer: _______________________________________________

_______________________________________________

Ser: _______________________________________________

_______________________________________________

Al finalizar esta *Oportunidad* quizás aún no sepas con exactitud cuál es el sentido de tu vida, pero sí que se habrá despertado un poco la curiosidad de saber cuál podría ser. De manera que seguro que ahora podrás añadir unas palabras más al espacio para tu *Razón de Existencia* en el capítulo *Mis Fundamentos*.

*Razón de Existencia*

## 41. Prejuicios en *standby*

"Todos somos prisioneros de nuestras propias experiencias.
Nadie puede eliminar los prejuicios, solo reconocerlos".
*Edward Roscoe Murrow, periodista y locutor*

Bien influenciados por la educación y la sociedad, la mayoría de nosotros crecemos rodeados de filtros de la realidad o prejuicios. Es un trabajo diario el conseguir desprendernos de ellos para ser libres en nuestros pensamientos. Vivir sin prejuicios se traduce en independencia y respeto hacia los demás, sabiendo que todos somos iguales y libres de vivir como sintamos.

Hoy, obsérvate mientras criticas o prejuzgas a alguien; puede ser alguien que conozcas o simplemente alguien que te hayas cruzado por la calle. Observarte significa dejar suspendido en tu mente el prejuicio, dejarlo en *standby*. Después pregúntate: "¿Por qué tengo esos prejuicios sobre esta persona? ¿Qué me lleva a pensar así? Refleja esto en las líneas más abajo.

### Prejuicio

Hoy en el supermercado he criticado a un hombre muy joven por tener un bebé recién nacido. Pensé que debería haber esperado a formarse, a estudiar y a viajar en vez de cargar con esa responsabilidad a tan temprana edad.

_______________________________________________

_______________________________________________

_______________________________________________

Esto te ayudará a descubrir todas esas pequeñas inseguridades que pasas por alto y descargas en forma de prejuicio y crítica. Aprender a reconocer tus prejuicios diarios sería el objetivo y la única forma de poder convivir con ellos. Pero vayamos un paso más allá de simplemente reconocer.

¿Qué podría aprender si cambiara mi forma de pensar?

Como yo también tuve hijos tan joven, me pesa el no haber viajado más y haber estudiado en su momento lo que quería. Debería aprender a entender que cada persona vive su vida a su tiempo y que esa chica tendrá sus razones para vivir la vida que quiere. Mientras él sea feliz, yo no debería perder mi tiempo en esos pensamientos que solo me crean resentimiento.

Por último, el proceso opuesto a un prejuicio es el de dedicarle en tu mente un piropo bonito a esa persona. Transformar tus opiniones negativas en opiniones positivas sobre los demás te ayudará a ser más honesto, más real, más auténtico, más humano contigo mismo y con los demás. En base a las primeras líneas de esta *Oportunidad*, escribe un pensamiento contrario al prejuicio.

Hoy en el supermercado he alabado a un hombre muy joven por tener un bebé recién nacido. Pensé ¡qué persona más responsable y madura a pesar de su edad!

*Valores*

## 42. ¿Qué hazañas quiero vivir hoy?

*"El hombre que no tiene imaginación, no tiene alas".*
*Muhammad Ali, boxeador y medallista olímpico*

Una de las mejores formas de empezar tus mañanas, es crear por anticipado el día que vas a vivir. Cuando te despiertes, incluye en tu rutina diaria, sea cual sea, cinco minutos para visualizar cómo quieres que sea hoy.

Imagina que han pasado entre quince y diecisiete horas y estás otra vez en tu cama, ¿qué te gustaría sentir?, ¿qué hazañas habrías vivido ese día? No tiene que ser nada espectacular ni loco. Puede ser simplemente disfrutar de un rico y saludable almuerzo, tener una agradable conversación con un desconocido o quedar con una amiga a la que no ves desde hace tiempo.

Aprovecha estas líneas y empieza ya a describir qué quieres que pase en tu día de hoy. Rellena tantas líneas como creas necesario.

- _______________________________________________

- _______________________________________________

- _______________________________________________

- _______________________________________________

- _______________________________________________

- _______________________________________________

- _______________________________________________

Empieza el día tomando posesión de él, vívelo todo lo que puedas. Saca lo máximo de esas veinticuatro horas y cuando te preguntes "¿Qué he hecho hoy?", no contestes con un simple "nada especial".

*Objetivos, acciones*

"Apaga tu correo electrónico, apaga tu teléfono,
desconéctate de internet, descubre una forma
de establecer límites que puedas concentrarte
cuando lo necesites y desconectarte cuando lo necesites.
La tecnología es un buen servidor pero un mal maestro"
*Gretchen Rubin, autora del libro* The Happiness Project

### 43. *Días Desconectados*

La tecnología es un arma de doble filo, puede ser una increíble herramienta si se usa de forma adecuada y equilibrada, pero también una forma de desconectar de ti mismo y de la realidad. El gran reto comenzó cuando la tecnología irrumpió en nuestras vidas sin tener claras las reglas sociales para usarla. Tenemos que aprender por nosotros mismos habilidades como no usar teléfonos móviles cuando estamos en una cena familiar, cuando una amiga nos está contando algo de gran importancia para ella, o cuando nos reunimos con amigos para charlar.

Adicionalmente, algunas tecnologías pueden llegar a ser tan adictivas como el alcohol, el tabaco o las drogas ya que nos permiten poner filtros a la vida para verla mejor de lo que realmente es. Además, cuando recibimos *likes* por una foto o cuando nos contestan inmediatamente a comentarios que hemos escrito, nuestro cerebro recibe una dosis de dopamina, el neurotransmisor que nos hace sentir bien, la conocida como "hormona de la felicidad". Esta recompensa va creando tal adicción que llega un momento en el que dependemos de las nuevas tecnologías. El problema es que, a diferencia del alcohol o las drogas, no tenemos unas normas para el uso de la tecnología y cualquier persona, hasta un niño de cinco años, tiene acceso ilimitado a esta adicción. Esto hace que los beneficios de usarlas correctamente puedan ser eclipsados por los problemas de abusar de ellas.

Hoy vas a vivir un *Día Desconectado*, se trata de usar el móvil exclusivamente para temas esenciales y, créenos, son verdaderamente pocas las razones para tener que usar un móvil. De hecho, si puedes dejarlo en casa o apartado lo más lejos de ti, te ayudará a reducir la tentación de consultarlo. En un *Día Desconectado* solo estará permitido su uso para aquello que sea realmente esencial, por ejemplo, para llamar a la persona con la que has quedado. Intenta vivir tu primer *Día Desconectado* en un día que sepas que no lo vas a necesitar mucho y así te será más fácil crear el hábito de pasar *Días Desconectados*.

Por la noche, reflexiona sobre qué detalles del día a día has sido capaz de observar gracias a no estar pegado a la pantalla del móvil, o fíjate en si has podido ser más productivo. Finalmente proponte un objetivo para establecer límites al uso de la tecnología. Uno muy bueno podría ser el incluir un *Día Desconectado* a la semana.

En la comida con mi compañera de trabajo, hemos tenido una conversación muy interesante y entretenida como nunca antes, ya que al principio de la comida nos hemos hecho la promesa de no usar el móvil. Esto me ha ayudado a conocerla mejor.

Reflexión de mi primer *Día Desconectado*

_________________________________________________

_________________________________________________

_________________________________________________

_________________________________________________

_________________________________________________

_________________________________________________

Objetivo de *Días Desconectados*: _______________________________

*Objetivos, acciones*

## 44. El *Abecedario de la Gratitud*

"Si eres agradecido con lo que tienes, generarás más.
En cambio, si te concentras en lo que no, jamás tendrás lo suficiente".
*Oprah Winfrey, periodista y empresaria*

La siguiente *Oportunidad* o juego que te proponemos se llama el *Abecedario de la Gratitud*. ¿Recuerdas que cuando eras pequeño y no podías dormirte te decían que contaras ovejas? ¿Hasta qué número eras capaz de contar? Seguro que normalmente no era uno muy alto.

En este caso, cuando vayas a dormir, en vez de pensar en todas las cosas que no te ha dado tiempo a acabar hoy, o en todo lo que mañana te espera, vas a sentir y generar más gratitud en tu vida. De este modo dejarás de concentrarte en lo que no tienes y te centrarás en lo que sí tienes.

¿Cómo funciona? Muy sencillo, empieza con la primera letra del abecedario (A) y piensa algo por lo que estás agradecido que empiece con esta letra. Continúa con la siguiente (B)… Y así hasta que te quedes dormido. Te aseguramos que te será muy difícil acabar el abecedario (al menos nosotros no lo hemos conseguido).

Estoy profundamente agradecido por la AMISTAD con Fernando, porque cuando estoy con él, disfruto de un gran tiempo de calidad.

Gracias por la BANANA que he comido hoy, porque además de ser sabrosa, me ha dado energía para todo el día.

Como forma de compromiso contigo mismo para crear este hábito, escribe mañana hasta qué letra recuerdas haber llegado, y cada día que te superes, vuelve a escribir tu récord. ¿Hasta qué letras crees que eres capaz de llegar antes de dormirte?

Récord de mi *Abecedario de la Gratitud*: _______________________________

*c o n s c i e n c i a*

## 45. El movimiento como estilo de vida

*"No dejamos de hacer ejercicio porque envejecemos,*
*envejecemos porque dejamos de hacer ejercicio".*
*Kenneth H. Cooper, doctor y pionero del ejercicio aeróbico*

La salud no lo es todo, pero sin salud todo acaba siendo nada. En otras palabras, la salud es un factor higiénico en nuestra vida. Es decir, que si no está, dejamos de poder disfrutar de otras cosas, pero si está, nos da la libertad de hacer todo lo que soñamos y sin darnos cuenta de ello. Por mucho dinero que tengas, hayas creado tu propia start up o tengas una familia numerosa, si estás en una cama del hospital, poco vas a poder usar todo lo que has conseguido. En cambio, cuando disfrutas de buena salud, puedes hacer cientos de cosas sin siquiera recordar lo bien que te sientes.

De jóvenes solemos ser bastante más activos, pero al acabar el colegio o instituto la mayoría de nosotros dejamos de practicar deporte. Algunos seguimos durante las siguientes etapas de la vida, como en la universidad o mientras trabajamos, hasta que en algún momento, cuando empieza a ser difícil compaginar el deporte con el ritmo de vida, apenas priorizamos la actividad física. Pero aquí va la frase motivadora para cambiar esto:

¡Nunca es demasiado tarde ni demasiado pronto para hacer deporte!

Vamos a darle consciencia a tu relación con tu nivel de actividad actual:
¿Cómo valorarías tu estado físico actual del uno al diez?
1 = subo unas pocas escaleras y ya estoy respirando con dificultad.
10 = en la próxima maratón voy a superar mi propio récord de tres horas.

Escribe algunas palabras de reflexión sobre las frases anteriores y evalúate. ¡Sé sincero!

___________________________________________

___________________________________________

El objetivo principal de esta *Oportunidad* es recomendarte no dejar de hacer deporte nunca. Ya sabemos que esta es una palabra muy fuerte, pero un sueño muy poderoso es el de, aun teniendo ochenta años, ser capaz de dar largas caminatas y moverte como si fueses un jovenzuelo.

Nuestra regla de oro para el deporte la recordarás de la *Oportunidad* 29 (página 189): ¡Si te estás divirtiendo, lo estás haciendo bien! Así que elige aquella actividad con la que te sientas lleno de energía tanto antes de empezar, como en el momento en el que realizas y después de finalizar. Quizás ir al gimnasio a levantar pesas sea totalmente aburrido para ti... Haz otra cosa, entonces. O en cambio puede que esa meditación en movimiento e increíble concentración que tienes levantando mancuernas te haga sentirte vivo. ¡Escúchate y elige lo que te siente bien!

Las siguientes recomendaciones están basadas en lo que hemos aprendido de maestros de  varios tipos de disciplinas, así como de nuestra propia experiencia, las llamamos "las cinco C del deporte":

- Completo: recuerda entrenar fuerza, resistencia, flexibilidad y equilibrio, necesitarás todas ellas cuando seas mayor.

- Constancia: haz deporte varios días a la semana, mínimo tres, mejor que todo concentrado en un día.

- Comparte: busca a alguien que te acompañe o realiza un deporte en equipo, aparte de tener más motivación, aprenderás cómo funcionan las relaciones personales a otro nivel.

- Con la naturaleza: dentro de lo posible, elige deportes al aire libre. En la *Oportunidad* 95 (página 321) te contaremos más sobre el efecto que puede tener en nosotros la naturaleza. Por ejemplo, cambia alguna sesión en un gimnasio cerrado por la de barras de calistenia en la playa.

- Comida: para crear el cambio que quieres ver en ti, no bastará solo con salir a correr, únelo a una dieta equilibrada y, sobre todo, adecuada a los objetivos que quieras conseguir.

Si has contestado a la pregunta de la página anterior con un notable o más, seguramente no te hayamos explicado nada nuevo. De todas formas, para que no nos llegue a nadie el día en que de repente ya no podamos jugar una pachanga de fútbol con nuestros amigos, define un objetivo para el próximo mes en base a las siguientes preguntas.

¿Qué mejoras en tu estado físico te gustaría conseguir? ¿Te conformas con un suficiente o te gustaría llegar a darle una mayor prioridad a tu cuerpo?

En base a tu respuesta anterior, ¿cuántas horas estás dispuesto a dedicarle a tu cuerpo por semana y en qué actividades? ¿Te gustaría probar algo nuevo?

¿Cuántas de "las cinco C del deporte" ya estás aplicando o te gustaría introducir?

*Objetivos, acciones*

## 46. Acción = hacer que algo suceda

"Algunas personas quieren que suceda,
algunas desean que suceda,
otras lo hacen posible".
*Michael Jordan, seis veces ganador de la* NBA

En la *Oportunidad* 30 (página 192) tuviste la oportunidad de descubrir qué les contarás a tus seres queridos cuando cumplas ochenta años: qué hazañas realizaste, qué lugares conociste, a qué dedicaste la mayor parte de tu vida, etc. Desde entonces deberían haber pasado unos días; vuelve a leer lo que escribiste para refrescar tu memoria y después repite la visualización, de forma que la hagas más viva en tu mente y así encuentres nuevos detalles.

Una vez que tengas esta imagen en la cabeza, compárala con la imagen de donde estás hoy. Es decir, busca las diferencias entre lo que te gustaría contar y el camino que tienes que empezar a recorrer desde hoy.

¿Qué cosas, situaciones, lugares… que hoy en día estás haciendo, deberías abandonar para poder contar ese discurso? ¿Contarías en tu discurso cuánta televisión viste durante tu vida o cuánto tiempo pasaste con tu *smartphone*? ¿O en cambio les hablarías de los viajes que hiciste, la gente interesante que conociste durante tu camino y los sueños que cumpliste?

El objetivo es dejar a un lado el querer y el desear, para convertirte en una persona que hace que las cosas pasen. Considéralo como el segundo paso de tu viaje al futuro, ya que tras descubrir a dónde quieres ir, ahora te toca saber dónde estás hoy y qué camino puedes empezar a recorrer ya.

Primero anota si alguna de las cosas que les contarás ya las has conseguido a día de hoy.

Les hablaré de cómo aprendí a surfear mientras viví uno de mis grandes sueños: vivir un año en una isla de Costa Rica.

Ahora utiliza las siguientes líneas para escribir algunas de las principales diferencias entre lo que haces hoy y lo que quieres contar en tu ochenta cumpleaños.

*En mi discurso, estaré hablando delante de mis hijos y nietos. Les contaré que mi Razón de Existencia fue crear un albergue de montaña en los Pirineos, lugar al que pertenezco.*

¿Qué puedes hacer hoy para empezar a caminar este camino? Lógicamente habrá sueños que no podrás empezar tantos años antes de que ocurran, pero esto te ayudará a mantenerlos vivos y así poder asumir esa identidad cuanto antes. Pero seguro que ya hay algunos que podrías empezar, así que escógelos y escribe cómo te puedes comprometer con una simple tarea que puedas hacer hoy para estar un poco más cerca de tu discurso.

*Voy a escribir ahora a mi albergue favorito de montaña para ofrecerme a trabajar este verano como ayudante y así aprender cómo crearon un lugar tan increíble.*

*Sueños, objetivos, acciones*

## 47. La *Ley del* 99%

*"El problema no es que haya problemas.
El problema es esperar lo contrario
y pensar que tener problemas es un problema".
Theodore Isaac Rubin, psiquiatra y autor*

La *Ley del 99%* dice que el 99% de los problemas que te preocupan nunca van a pasar. Es decir, que de cada cien problemas que tienes en tu mente, solo uno va a pasar. Por supuesto, esta "ley" no es exacta, pero seguro que es un reflejo muy cercano a la realidad. El enfoque es muy                                                        sencillo:

- En el mejor de los casos, los problemas no se materializaron, de manera que perdiste el tiempo inútilmente preocupándote.
- En el peor de los casos, si llegó a ocurrir el problema esperado, fuiste miserable durante más tiempo del necesario.

*¿En qué otras áreas de tu vida podrías mejorar
en vez de estar tanto tiempo ocupado en preocuparte?*

Si no te lo crees, anota a continuación un problema que te preocupó en el pasado. Puede ser de la última semana o del mes pasado, o puedes recordar problemas imaginarios de hace años, o incluso de cuando eras un niño.

Con unos dieciséis años, tuve siempre en mi cabeza el miedo a entrar en un quirófano. Mi aversión venía por unas imágenes que observé en una enciclopedia ilustrada cuando era niño.

_______________________________________________________

_______________________________________________________

Una vez escrito, te darás cuenta de que muchos de los problemas solo existieron en tu mente y nunca llegaron a pasar. Y los que llegaron realmente a pasar, ocuparon tiempo de más en tu mente por pensar en ellos en vano antes de que ocurrieran. Refleja si valió la pena preocuparte por el problema que has escrito en las líneas de arriba.

*226*

Recientemente tuve que someterme a una pequeña intervención y fue todo muy bien, además, me atendió un personal médico muy simpático.

_______________________________________________

_______________________________________________

Ahora que te hemos explicado la *Ley del 99%*, observa durante el día de hoy qué problemas están rondando y ocupando tu mente demasiado tiempo. Elige uno de ellos y responde a las dos siguientes preguntas.

La situación económica global puede hacerme perder el empleo.

_______________________________________________

_______________________________________________

¿Cómo podrías sustituirlo por pensamientos más favorecedores?

La situación económica global es una oportunidad para mejorar mis habilidades y hacer un cambio profesional con el que disfrute más de mi trabajo.

_______________________________________________

_______________________________________________

En vez de preocuparte por este problema imaginario, ¿cómo podrías hacer un uso mejor y más eficiente de tu tiempo?

Podría usar el tiempo que pierdo preocupándome para formarme con algún curso de programación y así ser más atractivo en el mercado de trabajo.

_______________________________________________

_______________________________________________

Mantente lo suficientemente ocupado como para no tener tiempo de preocuparte por algo que puede que nunca ocurra.

*Sueños, objetivos, acciones*

## 48. Fracasos transformados en lecciones

*"El fracaso no tiene importancia.*
*Se necesita valor para hacer el ridículo".*
*Charles Chaplin, humorista y actor*

Tenemos una concepción limitada del término "fracaso". Desde que somos pequeños nos enseñan que es algo que debemos evitar a toda costa, que fracasar es sinónimo de ser perdedor y que evoca solo malos sentimientos. Sin embargo, un fracaso es simplemente una forma de hacer algo de forma distinta. Que la sociedad no entienda porqué das unos resultados no quiere decir que sean los apropiados para ti.

Hoy puedes aprender mucho de los sucesos negativos de tu vida. En esta *Oportunidad* agradecerás una situación, persona o momento negativo de tu vida pasada que te hicieron aprender algún aspecto de tu personalidad inadvertido o inexistente hasta entonces. Intenta recordar dos errores, fracasos o experiencias negativas, (llámalo como quieras). Exprésate y recréate con aquello que aprendiste de esa situación a priori negativa, que sucedió este mes o hace unos años. Si buscas bien, en toda experiencia podrás encontrar algo que llevar contigo. Cualquiera sirve, si después buscas lo que aprendiste de ella.

Fracaso: Al acabar la universidad fui rechazado por 158 empresas que me gustaban.
Lección: Aprendí a valorarme por lo que soy realmente y no por mis circunstancias.
Además, la empresa 159 fue la oportunidad única para estar donde estoy hoy.

Fracaso 1: ___________________________________________________

Lección: _____________________________________________________

______________________________________________________________

Fracaso 2: ___________________________________________________

Lección: _____________________________________________________

______________________________________________________________

Como quizás hayas podido comprobar a lo largo de tu vida, incluso en situaciones muy complicadas, no necesariamente tiene que ser todo negativo. A esto se le llama crecimiento postraumático, cuando hasta en los momentos más duros aparece un entendimiento mayor de nuestras propias fortalezas y apreciación por la vida. Por ello ahora vas a ir un paso más allá y vas a agradecer el haber cometido ese fracaso. ¡Sí, has leído bien! Dar la gracias por la experiencia negativa que tuviste y que más tarde has descubierto cuánto te aportó.

Agradecimiento: Gracias por mostrarme durante ese tiempo la tenacidad y resiliencia que tengo ante el mundo. Gracias a la espera obtuve el trabajo que quería de verdad. Cinco años después, desbordo gratitud por haber sido elegido para este trabajo.

Agradecimiento 1: _________________________________________

___________________________________________________________

___________________________________________________________

Agradecimiento 2: _________________________________________

___________________________________________________________

___________________________________________________________

Atreverse y arriesgarse a hacer cosas distintas, descubrir nuevas formas de hacer algo, te ayudará a ver el mundo desde otra perspectiva y te empujará a cometer errores, errores perfectos de los que poder aprender. En la siguiente *Oportunidad* te vamos a dar un poco más ese empujón.

## 49. Destronando al miedo

"Haz una cosa que te asuste, todos los días".
*Eleanor Roosevelt, autora y activista*

¿Qué sabemos del miedo? ¿Qué sabemos más allá de lo que nos puede llegar a atemorizar e inmovilizar cuerpo y mente? Acabamos sabiendo bien poco sobre el miedo porque no muchas veces decidimos enfrentarnos a él. Cuando al fin y al cabo, el miedo no es más que una rutina de una emoción guardada en nuestros recuerdos, que nos impide hacer todo aquello que tanto deseamos. No debemos basar nuestras capacidades y nuestra inteligencia en algo tan irreal y efímero como miedos irracionales o infundados, ya que detrás de todos estos, seguramente te encuentres a ti mismo, a tu verdadera personalidad y a tu genuino carácter.

Como ya comprobaste en la *Oportunidad* anterior, detrás de tus fracasos pasados existió la superación de un miedo y así encontraste algún aspecto por el que alegrarte y con el que crecer personalmente. Esta *Oportunidad te* ayudará a superar tus miedos en el presente. Como la mayoría de las veces, el primer paso será reconocerlos, luego escribir sobre ellos y, finalmente, atreverte cada día a hacer algo que te asuste.

Escribe en las siguientes líneas dos miedos y su porqué. Pueden ser limitaciones mentales que tienes desde hace años, o barreras que te estás imponiendo a ti mismo en el presente. Pueden ser sobre tu salud, familia, afición o trabajo; cualquier miedo dentro de ti que esté impidiéndote ser la mejor versión de ti mismo.

Miedo: Tengo miedo a montar mi propio negocio.
¿Por qué?: Sobre todo ya que sería mi primer negocio sola, y me bloquean el qué dirá la gente que conozco y el miedo al fracaso.

Miedo 1: _______________________________________________________

¿Por qué? ______________________________________________________

_______________________________________________________________

Miedo 2: _______________________________________________

¿Por qué? _______________________________________________

_______________________________________________

El crecimiento personal está lleno de momentos en que afrontas tus miedos y no te quedas cómodamente sentado viendo lo que tu vida podría haber sido.

Como te contamos en el ejercicio 35 (página 202), en la relación con uno mismo, es crucial hablar contigo mismo. Todo lo que te dices tiene una influencia directa sobre a qué le tienes miedo y a las cosas que afrontas cada día. Por ello, aprender a reconocer estos diálogos es una oportunidad que debes aprovechar para vencer todas estas inseguridades. En relación con los miedos que has descrito antes, ahora cambia ese diálogo interno por una frase totalmente contraria. Una afirmación positiva que en vez de hacerte pequeño te haga creer en ti para hacer una cosa que te asuste a menudo y así vencer tus miedos.

**Afirmación positiva:** Seguro que si monto mi negocio me va a ir bien ya que voy a poner todo de mi parte y voy a buscar a las personas que me apoyen pase lo que pase con el proyecto.

Afirmación positiva para el miedo 1:

_______________________________________________

_______________________________________________

Afirmación positiva para el miedo 2:

_______________________________________________

_______________________________________________

*Sueños, objetivos, acciones*

## 50. Magníficos fracasos

"Hay libertad esperándote,
en las brisas del cielo.
Y preguntas: ¿Y si me caigo?
Oh, pero cariño, ¿y si vuelas?".
*Erin Hanson, poeta*

En las dos *Oportunidades* anteriores has tratado los fracasos y el miedo en el pasado y en el presente. Así que ahora vas a aprovechar estas nuevas habilidades para vencer cualquier temor a cometer fracasos en el futuro. De esta forma tendrás la valentía necesaria para cometer errores que nadie haya cometido antes. Usa estas líneas para pensar qué te da miedo empezar y llevar a cabo por el temor a fracasar. Después contesta las preguntas para construir un carácter que te permita enfrentarte a cualquier adversidad.

_______________________________________________

_______________________________________________

_______________________________________________

¿Qué sueño hay detrás de esos miedos? ¿Por qué vale la pena afrontarlos?

_______________________________________________

_______________________________________________

_______________________________________________

¿Qué es lo peor que podría pasar si fracasase?

_______________________________________________

_______________________________________________

_______________________________________________

¿Qué aprendizajes tendría en caso de fracasar?

---

---

---

¿Cuánto me costaría remediar el fracaso, es decir, volver a la situación en la que estaba antes de cometer el error?

---

---

---

El fracaso es un acontecimiento, un hecho, y no un rasgo de personalidad o un atributo. Dependiendo de la imagen que tengamos sobre este concepto, cambiaremos totalmente el paradigma de fracasar y probaremos cosas nuevas. Porque el único fracaso es no moverse por miedo a fracasar, y más aún si después no sacamos un aprendizaje de ello. Cualquier tropezón, caída, desliz, error o problema no son más que proyectos que no han salido como queríamos y de los que podemos aprender.

Así que, a partir de ahora, cada vez que te encuentres ante la duda de hacer algo, utiliza las preguntas que has aprendido anteriormente, de forma que relativices los fracasos y te atrevas a crear un asombroso e increíble futuro. Por si no fuese suficiente, vamos a darte otro truco para sentirte totalmente confiado ante obstáculos futuros. Vuelve a la *Oportunidad* 23 (página 174), donde creaste tu *Hall of Fame*, recorre la lista y marca todos aquellos sueños que creíste imposibles pero finalmente conseguiste.

> ¿No es increíble de lo que eres capaz
> si te enfrentas a tus miedos?

*Sueños, objetivos, acciones*

67% 

*c o n s c i e n c i a*

## 51. Comer y solo estar comiendo

"Cada paciente lleva a su propio médico dentro de él".
*Norman Cousins, periodista y defensor de la paz mundial*

Hoy vamos a compartir uno de los hábitos que más te pueden ayudar a desarrollar la atención plena y a mejorar tu relación con la alimentación. El ejercicio está enfocado a abandonar el acto de comer rápido. Y es que no solo comes rápido cuando estás en ambientes estresantes, como el trabajo, sino también cuando estás en el comedor de tu casa, pero te encuentras más pendiente de otras cosas que de tu plato. En definitiva, hoy vas a aprender a gozar y disfrutar conscientemente de tu comida.

*Multitasking* es una de las palabras de moda, y es la responsable de que muchas veces comamos mientras estamos trabajando o realizando cualquier otra tarea. Vivimos en una sociedad llena de distracciones y es habitual comer mientras escuchamos las noticias, contestamos *whatsapps* o vemos series en el *smartphone*. Hacer lo contrario a esto, comer y solo estar comiendo, además de aumentar tu consciencia en el momento, te permitirá ser un poco más tu propio médico y alimentarte de forma más saludable.

> ¿Cuándo fue la última vez que comiste atento
> a todos tus sentidos y sin prisas?
> ¿Cuándo fuiste consciente de cada sabor,
> olor y color de la comida que tenías enfrente?

Nosotros hoy te proponemos programar al menos una comida al día, en la que comer despacio y conscientemente sea el objetivo. Aunque el tiempo necesario para ello dependerá de la cantidad de comida que tengas en el plato, contar con media hora es un buen punto de referencia. Te aconsejamos:

- céntrate solo en comer, olvídate del *multitasking*,
- deja el móvil lejos de donde comas y ten la televisión apagada,
- prográmate treinta minutos libres cada día,
- y, sobre todo, pon tu atención a lo que estás comiendo (recuerda utilizar la *Oportunidad* 27 (página 184) para comer con los cinco sentidos).

Te sugerimos poner en tu móvil una alarma o una cuenta atrás de media hora y, si puedes dejarlo en modo avión, mucho mejor. Empieza dándote cuenta los primeros días de cuánto tiempo necesitas para acabar la comida. Si estás por debajo de la media hora, automáticamente empezarás a comer más lento y a tomarte pequeños descansos entre los bocados.

Una buena idea para los primeros días, si tienes la posibilidad, es la de compartir esa media hora con algún amigo, familiar o compañero de trabajo y así motivaros mutuamente. Seguro que así podréis superar el récord más rápidamente y además cabrá lugar para tener esas conversaciones de las que a menudo prescindimos por falta de tiempo.

Para crear este hábito saludable, es importante que practiques este ejercicio al menos una vez al día, pero sobre todo cuando sepas que tienes tiempo y tranquilidad suficiente para comer a tu ritmo.

El día que llegues a superar la media hora y a sentir que realmente estás siendo consciente de tu plato, usa estas líneas para expresar qué te aporta este nuevo hábito y por qué quieres continuar haciéndolo.

*creación*

## 52. Mi Muro de los Sueños

*"Grit significa vivir como si la vida fuese un maratón, no un sprint".*
*Angela Duckworth, psicóloga creadora del concepto* grit

¿Cuál es para nosotros una de las habilidades clave para conseguir todo lo que nos proponemos (*Razón de Existencia*, sueños y objetivos)? La constancia en nuestras pasiones. El concepto de *grit* explica que para tener éxito no es tan necesario tener ciertas cualidades innatas, como tener una buena actitud. Y esta actitud depende de la perseverancia y pasión que pongas en alcanzar tus sueños.

En la *Megaoportunidad* del presente (página 82), te explicamos la forma más importante de usar la constancia; en esta *Oportunidad* vamos a profundizar un poco más. Ya hemos comprobado por experiencia propia que dedicarle al menos diez minutos al día a uno de los sueños a largo plazo más importantes de tu vida, acelerará el logro de estos.

Por el contrario, la estrategia de dedicarle muchas horas en un día a tu sueño, y no dedicarle ni un minuto al día siguiente, no es nada productiva ya que puede hacerte perder el rumbo y caer en la desesperación. La mejor forma de combatir esto es la constancia de dedicar todos los días la misma cantidad de tiempo, aunque sean solo diez minutos. El mundo del deporte es un ejemplo muy adecuado: ¿Quién acaba con mejor condición física, el que entrena una vez a la semana seis horas seguidas o el que va seis días a entrenar cada vez una hora?

Hasta aquí hemos hablado de perseverancia, ahora le toca a la pasión. La pasión, más que un ejercicio, es un compromiso contigo mismo. Para mantenerla y que no olvides ser constante en la visualización de tus sueños, te proponemos crear *Mi Muro de los Sueños*. Este puede ser un folio grande o una cartulina en la que plasmes en bonitas imágenes tus sueños más importantes (por ejemplo, los que tienes en tu *Pirámide hacia la Creación de tu Vida*). Puedes buscar fotos en internet y revistas, o crear tu propio dibujo de aquello que sueñas. Ten en cuenta que la imagen que escojas solo debe tener significado para ti (da igual si otros no la entienden).

Te proponemos que dividas tu muro como hemos hecho en esta hoja, pero en vez de tener tus sueños en frases, los tendrás en imágenes. Nos gusta categorizar los sueños según estos tres verbos: tener, hacer y ser. Por último, y para que no te olvides de ampliarlo diariamente, coloca *Mi Muro de los Sueños* sobre tu escritorio, en la entrada de tu casa o en un sitio donde puedas verlo a diario.

*MI MURO DE LOS SUEÑOS*

Tener

---

---

Conseguir la moto con la que llevo soñando desde que tengo dieciséis años.

Hacer

---

---

Hacer un curso intensivo de programación web.

Ser

---

---

Llegar a ser bilingüe, cumpliendo así con el sueño de perfeccionar mi alemán.

En la *Oportunidad* 76 (página 283) aprendiste cómo crear objetivos para los sueños que pondrás en tu muro. Mientras tanto, recuerda: aun cuando estés totalmente desbordado, ve a *Mi Muro de los Sueños*, usa las técnicas de visualización que has aprendido y dedica diez minutos a visualizar uno de ellos. Así, cuando menos lo esperes, te encontrarás habiéndolos cumplido.

*Sueños*

*consciencia*

## 53. Cultivando la vulnerabilidad

"Compartir tu debilidad es hacerte vulnerable,
hacerse vulnerable es mostrar fuerza".
*Criss Jami, poeta y músico de* metal

Aprender a ser vulnerable es una de las aptitudes que más te acercarán al camino de conocerte a ti mismo. Mostrarte tal y como eres, como cuando nadie te ve, es esencial para vivir una vida más auténtica.

Si ya es interesante aprender a ser vulnerable, imagínate además llegar a poder compartir abiertamente tus debilidades con otros, ya que aunque no lo creas esto es algo que te llevará a mostrar tus fortalezas. Qué curioso es el ser humano, que para conseguir ser fuerte necesita primero mostrar sus debilidades, ¿no crees?

En esta *Oportunidad* queremos que hoy compartas con al menos una persona tres debilidades que sientes que tienes. Puede que sea la primera vez que haces algo así, por eso debes buscar a alguien de confianza y un lugar tranquilo en el que puedas hablarle de tus imperfecciones. Más tarde, utiliza el espacio que tienes a continuación para escribir a quién se lo has comunicado y qué debilidades le has confesado.

He hablado con mi pareja sobre mis siguientes debilidades: mi dificultad de comunicarme con gente que no conozco, mi falta de insistencia en algunos proyectos y mi conflicto con mis superiores.

He hablado con _________________________ sobre mis siguientes debilidades:

1. ___________________________________________________

2. ___________________________________________________

3. ___________________________________________________

Utiliza las siguientes preguntas y espacio para reflexionar sobre qué has descubierto en ti y cómo te puede beneficiar esta *Oportunidad*.

¿Qué te ha aportado compartirlo? ¿Ha contribuido a conocerte mejor?

_________________________________________________________

_________________________________________________________

_________________________________________________________

_________________________________________________________

En relación con la persona escogida, ¿compartirlo ha ayudado a tener una relación más unida? ¿Has notado algún cambio en su actitud hacia ti?

_________________________________________________________

_________________________________________________________

_________________________________________________________

_________________________________________________________

El sentido de mostrarte vulnerable ante el mundo no es ni más ni menos que el de conocerte mejor y ser consciente de quién eres en todos los sentidos. Además, cuando no escondes de qué pie cojeas, te das la posibilidad mejorar en cualquier ámbito de tu vida y de ser la mejor versión de ti mismo de la manera más real posible.

*Constitución, valores*

## 54. Grande y pequeño, todo es gratitud

*"Observa todo como si fuera la primera vez que lo ves.*
*Notarás cómo tu vida se llenará de gloria".*
*Betty Smith, autora*

Está demostrado que aquello a lo que le ponemos el foco se expande en nuestra vida. Por ello, la capacidad de sentirse agradecido tanto por las cosas grandes como por las pequeñas (¡estas son igual de importantes!) es clave para crear una vida llena de lo que queremos y para así eliminar la negatividad. Lógicamente, que el 100% de nuestros pensamientos sean de gratitud es muy difícil, pero sí podemos hacer que los pensamientos positivos predominen en nuestra vida. Una forma de conseguirlo es observar tanto las cosas grandes como las pequeñas como si fuera la primera vez que las ves.

Aprovecha estas líneas para sentirte agradecido tanto por algunas cosas grandes que tengas en tu vida como por otras pequeñas. Recuerda, no se trata solo de escribirlo, también de sentirlo.

Estoy agradecida por mis hijos, porque me inspiran cada día a ser la mejor madre y me hacen sentir querida.

Cosas grandes en mi vida

___________________________________________________________

___________________________________________________________

Por el amanecer que puedo ver cada día desde mi terraza junto a mi pareja y me hace empezar el día lleno de energía.

Cosas pequeñas en mi vida

___________________________________________________________

___________________________________________________________

"Creo que la diferencia entre ser miserable
y encontrar la felicidad
es solo una cuestión de perspectiva.
Si vives tu vida definiéndote
por lo que los demás piensan de ti,
es una forma de autotortura".
*Sarah Silverman, actriz y humorista*

*c o n s c i e n c i a*

### 55. Mi yo actual

Seguro que recuerdas palabras y *feedback* que te dieron personas de tu entorno directo o con las que te cruzaste esporádicamente. Intenta recordar algunos de los valores que usaron para definirte; quizás te ayudaron las palabras que te dijeron o incluso la forma en que se expresaron. Si no recuerdas muchos, pregunta hoy a gente de confianza cómo te definirían con tres palabras. ¡Qué sea un *feedback* honesto! Apúntalas aquí:

*agradable*　　　　　　*impuntual*　　　　　　*interesante*

_______________　　_______________　　_______________

_______________　　_______________　　_______________

_______________　　_______________　　_______________

_______________　　_______________　　_______________

Ahora viene la parte más difícil del ejercicio, sé honesto contigo y haz un círculo a aquellas palabras que, bajo tu punto de vista, sí te definen. Hazlo tanto con los valores positivos como con los que no lo son tanto (con estos últimos trabajaremos en la siguiente *Oportunidad*). Después, tacha bien grande aquellos valores con los que no estés de acuerdo y olvídate de ellos. Cambia tu perspectiva, y recuerda que al final todo dependerá de cómo tomes las palabras que otros te dicen. Tú tienes el poder de decidir cómo te afecta.

*agradable*　　　　(*impuntual*)　　　　(*interesante*)

Esta *Oportunidad* te ayudará a conocerte mejor por lo que otros digan de ti y por lo que tú realmente creas que te representa.

Cuando crees a los otros, te conviertes en una mejor versión de ellos. Cuando crees en ti, te conviertes en una mejor versión de ti mismo.

*Constitución, valores*

## 56. Mi yo ideal

"Si quieres un nuevo resultado,
tendrás que romper el hábito de ser tú mismo,
y reinventar un nuevo yo".
*Joe Dispenza, autor e investigador*

Joe Dispenza nos explica en su libro *Deja de ser tú* que para reinventarse a uno mismo se debe empezar de la base de eliminar el hábito de ser uno mismo. En otras palabras, para cambiar algún aspecto de tu personalidad debes crear un nuevo yo ideal.

Quizás ya hayas tenido tiempo de crear tu *Constitución* y sus valores; en ese caso, ya tendrás una imagen clara de tu yo actual. Si no, la *Oportunidad* anterior puede que te haya ayudado a definir los valores positivos (y no tan positivos) que te definen hoy. Dentro de todo esto, puede que haya algunos valores que quieras cambiar o añadir. Justo en esta *Oportunidad* te dejaremos espacio para crear ese yo ideal. Ya que una buena forma de empezar a cambiar es escribiendo con puño y letra, y visualizar regularmente hasta poder incluir algún día, en tu *Constitución*, tu definitivo yo ideal.

Utiliza el día de hoy para permitirte pensar cinco rasgos de la personalidad que te gustaría que tuviera tu futuro yo. Sé honesto y a la vez crea sin límites.

1. _______________________________

2. _______________________________

3. _______________________________

4. _______________________________

5. _______________________________

¡Recuerda!: Memorízalos bien, repítelos activamente durante el día e imagínate a ti mismo teniendo ya ese tipo de personalidad.

*Constitución, valores*

*c o n s c i e n c i a*

## 57. ¿Tareas urgentes o importantes?

*"Todo lo que tenemos que decidir es qué hacer con el tiempo que se nos da".*
*J.R.R. Tolkien, escritor de la trilogía* El Señor de los Anillos

En esta *Oportunidad* verás una forma clásica de dividir las tareas que tienes que hacer diariamente y que te ayudará a saber priorizar mejor. De esta manera conseguirás obtener mejores resultados con menos esfuerzo.

|  | Importante | No importante |
|---|---|---|
| **Urgente** | ¡Acábalo ya!<br><br>*Contestar la llamada de tu madre, hacer la comida, etc.* | Espera...<br><br>*Contestar el whatsapp de un viejo amigo, reservar un viaje, etc.* |
| **No urgente** | ¡Prográmalo!<br><br>*Hacer deporte, leer este libro, etc.* | ¡No lo hagas!<br><br>*Mirar la televisión, perder el tiempo en redes sociales, etc.* |

Tu tiempo es el recurso más valioso que tienes, de hecho es el único del que no puedes crear o comprar más. Por ello es vital invertirlo únicamente en la primera columna del cuadro: en las cosas que realmente te importan.

> ¿Cuánto tiempo desperdicias al cabo del día en actividades que no tendrán un impacto en tu vida?

En cuanto a las tareas no importantes que están en la segunda columna, intenta dedicarle el menor tiempo y preocupaciones posibles. Incluso a las que son urgentes, porque si las dejas esperar, puede que desaparezcan de tu listado de tareas pendientes.

Si inviertes energía y tiempo en las cosas menos importantes, dejan de ser cosas insignificantes. Y, al revés, si dejas de lado las cosas realmente importantes, estas se convierten en menos importantes. Desgraciadamente esto hace que muchos de nosotros cambiemos las prioridades de las tareas urgentes por las que realmente importan: uno mismo, familia, pareja, amistad o hasta vivir en el presente.

Ahora vamos a aplicar esta priorización de ideas a tu día o semana. Te vas a concentrar básicamente en las dos áreas en las que las personas suelen tener más contradicciones: donde se juntan urgencia e importancia. Respecto a las otras dos áreas –tanto la del "no importante y no urgente" como la "importante y urgente"–, seguramente ya tengas claras qué tareas son.

Piensa tres tareas actuales que no sean importantes pero sí sean urgentes.

1. ______________________________________________________

2. ______________________________________________________

3. ______________________________________________________

Ahora piensa en tres tareas importantes a las que no estés dedicándoles el tiempo que se merecen por no parecerte urgentes.

1. ______________________________________________________

2. ______________________________________________________

3. ______________________________________________________

¿Hay algo que podrías hacer para cambiar la balanza? Es decir, poner más foco en las tres últimas a cambio de dedicar menos tiempo a las tres primeras.

______________________________________________________

______________________________________________________

La próxima vez que creas que no tienes tiempo, hazte la siguiente pregunta: ¿Está comprometiéndote con muchas tareas innecesarias?

*g r a t i t u d*

## 58. Rituales diarios de gratitud

*"Camina como si estuvieses besando la tierra con tus pies".*
*Thích Nhát Hạnh, monje budista y activista por la paz*

Cada vez que introducimos pequeños rituales de gratitud en nuestra vida, vivimos siendo más conscientes de todo por lo que deberíamos estar agradecidos. Aunque al principio nos parezcan insignificantes, los rituales contribuyen a que, poco a poco, apreciemos todo aquello a lo que deseamos dirigir nuestra atención.

En esta *Oportunidad* te proponemos crear dos rituales de gratitud que practicarás cada día hasta convertirlos en tus hábitos. Dado que los rituales más sencillos son los más fáciles de mantener a largo plazo, no te propongas hábitos que requieran de excesivo tiempo o complicaciones. Aquí te dejamos unos ejemplos; más tarde, cuando los tengas decididos, redáctalos en el libro como forma de compromiso contigo mismo.

- Antes de cada comida, voy a observar durante unos segundos las delicias que tengo delante y voy a agradecer que puedo tenerlas. También voy a llevar mis manos al corazón en señal de agradecimiento y así simbolizaré mi ritual personal.
- Escribiré a mi madre todos los días un mensaje de "buenos días" y uno de "buenas noches", aunque sean las únicas palabras que intercambiemos ese día.
- Veré salir el sol, aunque sea desde mi ventana, y agradeceré que salga otro día más.
- Durante cada ducha, voy a mirar el agua caer durante unos segundos y a agradecerla.
- Cada noche voy a sentarme al borde de mi cama y a apreciar su comodidad.

MIS DOS NUEVOS RITUALES DIARIOS DE GRATITUD

1. _______________________________________________________________

2. _______________________________________________________________

Una vez que tengas estos dos rituales como hábitos diarios, puedes ir incluyendo algún otro bonito ritual de gratitud. ¡Tú pones el límite a la gratitud que necesitas en tu vida!

*Acciones*

## 59. La terapia de rechazo

*"No hay duda, incluso un rechazo puede ser la sombra de una caricia".*
*José Ortega y Gasset, filósofo y ensayista*

Gracias al juego en la vida real de la *Terapia del Rechazo*, de Jason Comely, y al experimento posterior de Jia Jiang, en el cual buscó el rechazo de otra persona durante cien días, hoy podemos realizar este ejercicio para aprender a perder el miedo al rechazo social. El juego trata de provocar, durante cinco días, situaciones en las que personas desconocidas te rechacen por cualquier cosa. Este juego te ayudará a superar uno de los miedos más presentes en la sociedad: el pensar "¿Qué dirán de mí? ¿qué pensarán? ¿me rechazarán o me aceptarán?". Por tanto, el juego te hará darte cuenta de la capacidad que tienes de crear recursos cuando la situación parezca estar en tu contra.

Después de la situación inicial de rechazo, preguntarás a la persona por qué no aceptó lo que estabas pidiéndole. Al preguntar el porqué, estarás dando opción a transformar ese "no" en un "sí", de tal manera que donde pensabas que había un camino sin salida, siempre existirá la posibilidad de crear un mundo de posibilidades. Justo aquí es donde aprenderás valores importantes para la vida, como atreverte a preguntar, perder la vergüenza y borrar la palabra "imposible" de tu mente.

Escribe durante cinco días, en la siguiente hoja, cuál fue la situación de rechazo que provocaste y si te dieron otra opción tras preguntar la causa de su rechazo. Sé creativo e intenta preguntar las cosas más absurdas posibles, así obtendrás resultados totalmente increíbles.

Día de rechazo: 17/04/2020

Hoy en la pescadería, le he pedido a la pescadero que me troceara la merluza en cien cuadrados pequeños. Me ha contestado que eso no era posible. Al preguntarle la razón, me ha dicho que la merluza se desharía, pero me ha dado una receta para cocinarla en trozos pequeños y me ha preparado el corte para ello.

Finalmente y parafraseando a Ortega y Gasset: detrás de la sombra de un rechazo también hay un aspecto positivo. Esperamos que con esta *Oportunidad* consigas verlo así y de esta forma pierdas el miedo al rechazo.

*Valores*

## CINCO DÍAS EXPERIMENTANDO EL RECHAZO

Primer día de rechazo:  /  /

_________________________________________________________

_________________________________________________________

_________________________________________________________

Segundo día de rechazo:  /  /

_________________________________________________________

_________________________________________________________

_________________________________________________________

Tercer día de rechazo:  /  /

_________________________________________________________

_________________________________________________________

_________________________________________________________

Cuarto día de rechazo:  /  /

_________________________________________________________

_________________________________________________________

_________________________________________________________

Quinto día de rechazo:  /  /

_________________________________________________________

_________________________________________________________

_________________________________________________________

## 60. Un día perfecto en mi vida

*"¡Que los días más tristes de tu futuro, sean muchísimo más felices
que los días más felices de tu pasado!"*
*Proverbio irlandés*

### ¿Cómo sería un día perfecto de mi vida?

Esta pregunta puede resultar un tanto ambiciosa, pero la única forma de llegar a un destino es empezar. Así que dedica algunos minutos a darle vueltas a esta pregunta y conforme vayan apareciéndote palabras, momentos, personas o cualquier idea, ve anotándolas en las líneas de abajo. Si te cuesta empezar a imaginar ese día, recuerda alguno de los momentos más felices de tu pasado o utiliza las siguientes pistas:

- ¿Dónde estás? Lugar del mundo: en el campo, en el mar, etc.

- ¿Qué momentos de tus últimos *Días de Museo* tiene tu día perfecto?

- ¿Estás solo o acompañado? ¿Qué personas o animales están contigo?

- ¿Qué día de la semana es?

- ¿Qué ropa llevas puesta?

- ¿Cómo empiezas el día perfecto? ¿qué haces hasta el mediodía?

- ¿Qué te comes, bebes o quizás hasta cocinas?

- ¿Cómo pasas la tarde? ¿Cómo acabas el día perfecto?

Al menos una vez al año, realiza este ejercicio. Te ayudará a descubrir nuevos aspectos de tu día perfecto y a comprobar si algún detalle ha cambiado, o si necesitas añadir o eliminar algo. Imaginártelo y describirlo cada vez con más detalle te hará estar más cerca de un día vivir tu *Razón de Existencia*.

*Razón de Existencia, Constitución, valores, sueños*

# UN DÍA PERFECTO EN MI VIDA

UN DÍA PERFECTO EN MI VIDA

## 61. Aprender a ver la realidad

"Tenemos esperanzas y sueños, pero creemos
que no nos ocurrirá nada tan especial como en las películas;
y cuando sucede, esperas que sea algo diferente, más real".
*Leonardo DiCaprio en la película* La Playa

Tener expectativas sobre lo que puedes controlar directamente es positivo y motivador, pero dejar el transcurso de tu vida en manos de otros es una trampa. Podemos llegar a sufrir de más por las expectativas que le ponemos a la vida y a las personas. Nuestro nivel emocional se vuelve débil cuando esperamos demasiado de alguien, de alguna situación, o incluso de nosotros mismos.

En esta *Oportunidad* queremos mostrarte lo importante que es observar en vez de percibir. Ya que cuando observas, empiezas a ver la vida de una manera más realista y te encuentras preparado para cualquier resultado. Sentarse a esperar a que los demás hagan que suceda aquello que estás esperando, es una forma de autoengaño, ya que indirectamente estás decidiendo poner tu destino en sus manos. Cuando logres ver lo que es, en vez de lo que esperas, conseguirás no quedar decepcionado pase lo que pase.

Antes de comenzar con la principal parte del ejercicio, te presentamos tres métodos que te ayudarán a reducir tu nivel de expectativas:

- Vivir el presente, así estarás más preparado para el futuro. Tienes varias *Oportunidades*, como la número 3 (página 139) para practicar la consciencia (o el *awareness*).

- No juzgar el presente, aceptar las cosas y las personas como son. Esto lo verás en la *Oportunidad* 87 (página 304).

- Reconocer tus emociones. Si observas que estás expectante ante un evento, limpia tu mente de ese diálogo interno, como aprendiste en la *Oportunidad* 35 (página 202).

No es fácil dejar de lado las expectativas sin fundamento y basadas meramente en supuestos que no puedes controlar por ti mismo... Pero nadie dijo que fuera imposible. Para facilitar esto, te hemos dejado el siguiente ejercicio: escribe tres expectativas que tengas actualmente y conviértelas en una afirmación neutral o realista, en lugar de dejar que sea esa alta o incontrolable situación.

Expectativa: Siempre espero que los demás me digan lo bien que hago las cosas para sentirme satisfecho.

Neutralidad: Hay cosas que hago bien y otras de las cuales aún me queda mucho por aprender, y soy consciente de ello.

Expectativa: _______________________________________________

_______________________________________________

Neutralidad: _______________________________________________

_______________________________________________

Expectativa: _______________________________________________

_______________________________________________

Neutralidad: _______________________________________________

_______________________________________________

Expectativa: _______________________________________________

_______________________________________________

Neutralidad: _______________________________________________

_______________________________________________

*Valores*

## 62. Be *smart*

"Al escribir tus sueños y metas en papel,
pones en marcha el proceso de convertirte
en la persona que más deseas ser.
Pon tu futuro en buenas manos, las tuyas".
*Mark Victor Hansen, autor y speaker*

Como te introdujimos en los objetivos de la *Pirámide hacia la Creación de tu Vida* (página 57), una buena forma de poner el futuro en tus manos es escribirlo en papel. Cuanto más claramente esté definido, más fácil te será dedicarle unos minutos al día y, en consecuencia, más pronto estarás cerca de conseguirlo.

Uno de los métodos más efectivos para dejar claros tus objetivos tanto a tu subconsciencia como a tu consciencia, es usar los requisitos que cumple la palabra *SMART*. Este concepto es muy utilizado en el mundo empresarial, pero también puede utilizarse para cualquier tipo de objetivo. Las siglas en español de *SMART* son: específico (*specific*), medible (*measurable*), alcanzable (*attainable*), relevante (*relevant*) y con fecha límite (*time-based*).

**Objetivo:** Aprender portugués, nivel oficial B2, antes de que acabe el año, con ayuda de un profesor particular.

**Específico:** Aprender portugués, este año y con ayuda.

**Medible:** Nivel oficial B2.

**Alcanzable:** Actualmente tengo nivel B1 y quedan seis meses para que acabe el año.

**Relevante:** Me abrirá muchas puertas laborales y nuevas amistades.

**Fecha límite:** Final de este año.

Ahora es tu turno para escoger uno de los objetivos actuales que tienes en tu vida y analizarlo en detalle. Escribe el objetivo y unas palabras para cada requisito del método *SMART,* y comprobando así si los cumple todos.

Objetivo: _______________________________________________

_______________________________________________

Específico: _______________________________________________
*¿Cualquier persona lo entendería?*

Medible: _______________________________________________
*¿Cómo voy a saber que lo completé?*

Alcanzable: _______________________________________________
*¿Cuento con las herramientas para conseguirlo?*

Relevante: _______________________________________________
*¿Está relacionado con mi Pirámide hacia la Creación?*

Fecha límite: _______________________________________________
*¿En cuánto tiempo quiero cumplirlo?*

*Objetivos*

## 63. Desear menos

"Si quieres volar, tienes que dejar atrás toda la mierda que te hace pesar".
*Extracto del libro* La Canción de Solomon *escrito por Chloe Tony Morrison*

Hay una bonita paradoja que se puede explicar con esta sencilla fórmula matemática:

$$\text{no desear nada} = \text{tenerlo todo}$$

Estamos adoctrinados a pensar que la estrategia para ser feliz es aumentar nuestra riqueza desesperadamente, hasta el punto de que parecemos hámsteres en una rueda de consumo y de que por mucho que acumulemos seguimos queriendo más. Sin embargo, realmente hay un camino más rápido y corto: desear menos. Cuanto más ansíes, más lejos estarás de sentirte satisfecho con lo que ya tienes.

¿Existe una persona tan rica que pueda llegar a tener todo lo que quiera? ¿Quién es más rico, el hombre que tiene millones en su cuenta del banco pero que sigue deseando más, o el que tiene solo mil euros y se siente agradecido por ello? Y tú, ¿de qué estrategia estás más cerca? Usa estas líneas para escribir tus pensamientos sobre esta paradoja, o quizás algún ejemplo de tu vida que muestre tu estrategia preferida.

_______________________________________________

_______________________________________________

_______________________________________________

La mayoría de las veces lo que dejamos fuera es tan importante, o más, que lo que metemos en nuestras vidas. Y no estamos hablando exclusivamente de objetivos materiales, ya que hay otras dos formas de nublarnos la vista. Existe la trampa material, como ya hemos hablado en la *Oportunidad* 21 (página 171). Cuando los objetos dejan de satisfacernos al nivel que estamos acostumbrados, nos volvemos fanáticos de las experiencias, creyendo que cada nueva y diferente nos aportará la felicidad deseada. Pero un día nos damos cuenta de que cada viaje exótico, cada aventura de fin de semana, se queda corta y necesitamos ¡más!

Y es entonces cuando buscamos la felicidad en la trampa de la consecución: creemos que si consiguiésemos X o Y, tendríamos todo lo necesario. Pero un día conseguimos ese ascenso esperado o esa carrera universitaria, y nos damos cuenta de que estamos como antes, que poco ha cambiado. Y quizás en ese punto entendamos que las herramientas para ser feliz ya las teníamos.

Por supuesto que no estamos diciendo que te deshagas de todo y te vayas a vivir a una cueva aislado de la realidad. Pero seguro que puedes encontrar un balance entre ambos extremos. Además, para poder volar libre hacia tus sueños, es necesario sacar cosas de tu vida y no solo meter más.

Al igual que en la *Oportunidad* anterior, donde escribiste qué querías conseguir en tu *Muro de los Sueños*, en esta vas a escribir qué tres aspectos –para cada categoría– podrías sacar para sentirte más libre. Las categorías de tu *Muro de los Sueños* y las trampas tienen estas equivalencias: tener = trampa material, hacer = trampa experiencial, ser = trampa de consecución.

## Trampa material

Voy a deshacerme de esa chaqueta verde que lleva años en mi armario.

## Trampa experiencial

No necesito ir todos los fines de semana a un nuevo restaurante.

## Trampa de consecución

Soy feliz con mi trabajo actual y de momento no necesito uno nuevo.

*Constitución, valores, sueños*

"A veces nuestra propia luz se apaga
y se vuelve a encender por la chispa de otra persona.
Todos tenemos algún motivo para estar agradecidos a aquellas
personas que han vuelto a prender la llama dentro de nosotros".
*Albert Schweitzer, filósofo y pacifista ganador del Premio Nobel de la Paz*

*g r a t i t u d*

## 64. Agradecer por tanto

Siguiendo con la *Oportunidad* 4 (página 141) en la que practicaste la gratitud hacia personas que marcaron una diferencia en tu vida, en este ejercicio pensarás en algún momento en el que tu propia luz estuviera apagándose y le darás las gracias a esa persona que reavivó la llama en ti. Piensa en esos momentos en los que no sabías a qué, ni a quién acogerte para seguir hacia delante. Momentos que todos vivimos alguna vez y que nos sirven para darnos cuenta de la suerte que teníamos de tener a esa persona cercana aconsejándonos y escuchándonos.

Agradecer a las personas que estuvieron ahí en esos momentos importantes te ayudará a valorarlas cómo es debido y a ser más conscientes de la importancia que tiene cuidar de ellas.

Busca dos momentos en los que alguien estuviera ahí para ayudarte. Escribe su nombre, la relación que tienes con esa persona, el día o momento en concreto y cómo te ayudaron.

Gracias a Salvador, mi profesor del instituto que, el día que no pasé la prueba de educación física, me hizo darme cuenta de mi baja condición física. Hoy en día soy entrenador personal, en parte gracias a ello.

1. ______________________________________________

______________________________________________

______________________________________________

2. ______________________________________________

______________________________________________

______________________________________________

## 65. Modifica tus creencias

"En el momento en que dudas de si puedes volar,
dejas para siempre poder hacerlo".
*James Matthew Barrie, autor de la obra de teatro* Peter Pan

Para aprender a conocerte cada día más, tienes que saber cuáles son TUS convicciones. Escribimos "tus" en mayúsculas, porque nuestras creencias nunca deberían ser copiadas o asimiladas de la sociedad, ni de la familia, ni de los amigos, ni de cualquier otra persona. Eres una persona con una esencia única, por ello es importante que sepas evidenciarlo y manifestarlo. Solo así conseguirás al 100% actuar y estar seguro de ti mismo pase lo que pase, digan lo que digan otros.

> ¿Recuerdas algún momento de tu vida en el que te dijeran que algo era imposible pero aun así lo conseguiste?

Cuando no cumplimos con nuestro deber de originalidad, caemos en la tentación de adaptar de otras personas creencias limitadoras. Y en ese momento empezamos a dudar y por lo tanto dejamos de creer.

En esta *Oportunidad* vas a identificar creencias limitadoras que has adoptado a lo largo de tu vida y a cambiarlas por otras que te van a empoderar, y a las que llamamos "creencias potenciadoras". Si recuerdas el capítulo *Fundamentos,* decíamos que las creencias son los mapas que guían tu vida.

> ¿Qué pasaría si estuvieses usando el mapa de otra persona para dirigir tu vida?

Esta metáfora sería como tener un mapa de la ciudad de Tokio en japonés y no tener un traductor ni una guía para ayudarte.

Reúne tres creencias que estén debilitando tu forma de ver el mundo, busca la razón de estas y transfórmalas en TUS nuevas creencias potenciadoras. No te olvides de revisar tu *Constitución* por si después de hacer este ejercicio es necesario modificarla o añadir palabras.

Creencia limitadora: Para conseguir tener éxito, he de que trabajar duro.

¿Por qué pienso así? Mi abuelo me dio la lección de que el trabajo duro era la única forma de ganarme la vida. Así es como lo aprendió él, ya que no tuvo tantas oportunidades como hay hoy en día.

Creencia potenciadora: El éxito viene de dar lo mejor de mí haciendo lo que amo.

Creencia limitadora: _______________________________________________

¿Por qué pienso así? _______________________________________________

_______________________________________________

Creencia potenciadora: _______________________________________________

Creencia limitadora: _______________________________________________

¿Por qué pienso así? _______________________________________________

_______________________________________________

Creencia potenciadora: _______________________________________________

Creencia limitadora: _______________________________________________

¿Por qué pienso así? _______________________________________________

_______________________________________________

Creencia potenciadora: _______________________________________________

*Constitución, valores*

## 66. ¡HAZ! Actúa hoy

"La mejor manera de empezar algo
es dejar de hablar de eso y empezar a hacerlo".
*Walt Disney, pionero de la animación*

¡HAZ! Da el primer paso o el enésimo ¡ya! No esperes ni te pierdas preparando el camino. Actuar no es hablar sobre lo que se va a hacer, sino hacer lo que has dicho que ibas a hacer. Empieza a caminar, aunque no veas ante ti más allá de los siguientes dos metros; poco a poco irán surgiendo los siguientes pasos, personas, oportunidades y todo aquello que necesites.

Todos hemos vivido la "sincronicidad" alguna vez en nuestra vida, esos momentos en los que todo parece tomar forma y aunque no sepamos cómo, las piezas del rompecabezas van apareciendo como por arte de magia. Así que ¡HAZ!

Antes de que empiece el día de hoy, escribe debajo sin organizar ni priorizar, el listado de tareas pendientes que tienes en tu cabeza:

*To Do*

_______________________________________

_______________________________________

_______________________________________

_______________________________________

_______________________________________

_______________________________________

Muchas veces intentamos hacer cientos de cosas en un día y acabamos por hacer algunas pocas a medias, o incluso ninguna. Por ello, centrarnos en una –la más importante– puede cambiar la productividad y sensación de satisfacción al cabo de los días.

¿Qué tarea de las que has apuntado llevan rondando en tu cabeza desde hace un tiempo, pero no consigues dar el primer paso? Si solo pudieses hacer hoy una cosa de tu listado *to do*, ¿cuál sería? Haz un círculo bien grande alrededor de ella.

Una vez elegido el objetivo que cambiará tu consciencia de sentirte realizado hacia los sueños que importan de verdad, olvida el resto de tu listado *to do* de hoy. Por lo menos hasta que completes la tarea que has redondeado, no empieces ninguna otra más. Se trata de la calidad de las acciones, y no tanto de su cantidad.

## VUELVE A ESTAS LÍNEAS AL FINAL DEL DÍA

Revisa si has conseguido tu tarea pendiente de hoy o cuán lejos has llegado. Si no las has completado, no te preocupes, vuelve a ponerla como prioridad para mañana. En cambio, si la has conseguido, tómate tu tiempo para celebrarlo y mañana vuelve a pensar en una tarea importante para el día.

*Objetivos, acciones*

## 67. Mi listado para un día de buen rollo

*"Deja que todo te suceda, belleza y terror,*
*tú solo continúa hacia delante, ningún sentimiento es definitivo".*
*Rainer Maria Rilke, autor y poeta*

¡Mini-spoiler!
Deja esta *Oportunidad* para un día de esos que no parecen ir tan bien.

Tener una vida feliz no significa que todos los días, hasta el último de tu vida, vayan a ser perfectos. Una vida totalmente completa de *Días de Museo* no es un objetivo realista. Si recuerdas la gráfica de la página 31, la vida es un vaivén de momentos felices y no tan felices. Simplemente hay días que no salen como quieres, días en los que el mundo parece ir en tu contra, días en los que necesitas otro tipo de emociones para asimilar todas las buenas que ya tienes.

Por ello, si hoy la ansiedad, las dudas e inseguridades te han inundado, o si hoy tu mente y cuerpo se han desconectado y te encuentras un tanto aturdido, que sepas que no eres la única persona que se encuentra así. Además, entiende que los estados mentales y físicos son pasajeros, que porque un día te sientas triste, no significa que seas una persona triste.

Para esos días, primero date tiempo y relaja tu estado emocional tomando consciencia de ti mismo. Entre otros, en la *Oportunidad* 73 (página 275) descubrirás más este poder. Luego resérvate tiempo para realizar alguna tarea que te ayude a darle la vuelta a tu estado de ánimo o que al menos apacigüe tu intranquilidad de hoy. Algunas de estas actividades podrían ser:

- cocínate tu comida favorita,
- abraza a alguien cercano al cual tengas cariño,
- ponte la ropa de ir por casa más cómoda posible,
- date un baño de agua caliente y mucha espuma.

Crea tu propia lista de recursos para sentirte mejor y así podrás recurrir a ella cada vez que la necesites.

*Acciones*

# MI LISTADO PARA UN DÍA DE BUEN ROLLO

o _______________________________________________

o _______________________________________________

o _______________________________________________

o _______________________________________________

o _______________________________________________

o _______________________________________________

o _______________________________________________

o _______________________________________________

o _______________________________________________

o _______________________________________________

o _______________________________________________

MI LISTADO PARA UN DÍA DE BUEN ROLLO

## 68. Cartas de gratitud

"El anhelo más profundo de la naturaleza humana
es la necesidad de ser apreciado".
*William James, psicólogo y filósofo*

Después de unas cuantas *Oportunidades* trabajando esta poderosa herramienta, ya te has debido convertir en un experto de la gratitud. Ahora vamos a ir un paso más allá con el hábito de las cartas de gratitud un hábito gratuito que solo te va a requerir de unos minutos de tu tiempo.

A nosotros nos gusta utilizar el primer día del mes para elegir a nuestro candidato de la carta de gratitud. Esta consiste en transmitirle a alguien, por escrito, la gratitud que le profesamos. Así, acabamos el año apreciando el valor de hasta doce personas. Puedes escribir lo agradecido que te sientes por cómo te ayudó, o puedes apreciar lo bien que hace su trabajo o lo genial que es como persona. Cualquier cosa sirve, mientras la escribas con el corazón. Puedes escribir algo tan breve como una frase, o llenar páginas enteras de gratitud.

Escríbelas sabiendo que de verdad les entregarás la carta y dáselas el día que los vuelvas a ver, o envíaselas por correo o simplemente por *email*, ¡facilítate el proceso! A continuación escribe tus próximos tres candidatos a la carta de gratitud del mes y la razón para elegirlos.

Mi profesor de la asignatura de Gestión de Personas, por el increíble módulo de dos días que hicimos este mes y en el que aprendí más que en otros cursos que duran semanas.

_______________________________________________

_______________________________________________

_______________________________________________

¿Quién sabe? Puede que tu iniciativa se convierta en una cadena de apreciaciones y más gente empiece a esparcir gratitud por el mundo.

*Acciones*

*consciencia*

## 69. Y tú, ¿cuántos abrazos das al día?

"Necesitamos cuatro abrazos al día para sobrevivir.
Necesitamos ocho abrazos por día para el mantenimiento.
Necesitamos doce abrazos por día para crecer".
*Virginia Satir, terapeuta y autora*

¿Te has parado a pensar alguna vez en el poder que tiene dar abrazos?
¿Qué sientes cada vez que alguien que aprecias te abraza?

Déjate unos minutos para reflexionar y luego continúa leyendo.

Cuando abrazas experimentas cambios en tu cuerpo y mente: aumenta la confianza y crees más en ti, tu sistema nervioso se equilibra, refuerzas el sistema inmunológico, y hasta puedes reducir trastornos y enfermedades como la ansiedad o la depresión. En definitiva, abrazar es sinónimo de rejuvenecer tu cuerpo, mente y alma.

El placer que nos da abrazar no disminuye con la edad, no tenemos que ser niños para continuar usando el poder del contacto físico con personas que apreciamos. Sigue dando abrazos, aproxímate a alguien y hazle sentir que físicamente estás ahí.

En tu camino hacia una vida más consciente y presente, ¿qué mejor que parar a abrazar a personas que amas y a crear más momentos mágicos de apretones? Momentos en los que puedas llegar a sentir lo que el otro siente, en los que el mundo parezca pararse, quedándose automáticamente en pausa, existiendo solo ese momento aunque sea por unos segundos.

La *Oportunidad* de hoy consistirá en seleccionar a tres personas de tu entorno a las que aprecies y quieras, para regalarles sendos abrazos. Mientras abraces, realiza tres respiraciones profundas, busca la sintonía entre la respiración de ambos y, si no lo consigues, al menos intenta que tu propia respiración les estruje hasta el final del abrazo.

Escribe en estas líneas el nombre de las personas que has decidido abrazar y por qué sientes que son ellos a quienes quieres abrazar.

1. ______________________________

______________________________________________________

______________________________________________________

______________________________________________________

2. ______________________________

______________________________________________________

______________________________________________________

______________________________________________________

3. ______________________________

______________________________________________________

______________________________________________________

______________________________________________________

Tres abrazos y tres grandes respiraciones pueden cambiar totalmente
el modo en que vives tu día y el de los demás. ¿Te parece bien
comprobarlo hoy?

*Acciones*

## 70. ¿Cómo quiero ser recordado?

*"¡Defínete a ti mismo o los demás te definirán a ti!"*
*Mehmet Murat ildan, autor y guionista*

Esta *Oportunidad* puede resultar un poco singular, ya que se trata de una visualización muy intensa, pero te va a ayudar mucho a definir un poco más tu *Constitución* y valores. Si recuerdas, en la *Oportunidad* 55 (página 243) preguntaste a otras personas cómo te definirían y escogiste aquellos valores con los que estabas de acuerdo. En la *Oportunidad* 56 (página 244) te definiste en base a tu propia opinión. Ahora vas a esclarecer un poco más cómo te quieres definir antes de que lo hagan otros.

Busca un lugar donde puedas estar tranquilo y nadie te moleste durante aproximadamente veinte minutos. Una vez ahí, vas a crear la siguiente visualización: Imagina que estás entrando en la sala de la funeraria al entierro de un ser querido, imagina qué personas hay en esa sala aparte de ti, cuáles son sus caras, qué sentimientos están teniendo en esos momentos, qué palabras están intercambiando sobre el fallecido. Justo delante del féretro hay tres personas que fueron muy importantes para el difunto y van a dedicarle unas palabras.

Justo antes de sus pequeños discursos, te acercas lentamente a ver por última vez la cara de ese ser querido. ¡Cuál es tu sorpresa cuando te acercas y te das cuenta de que eres tú la persona que está en el ataúd! Después del choque inicial, te tranquilizas y empiezas a escuchar lo que estas tres personas tan importantes van a decir sobre ti.

Utiliza el siguiente espacio para, primero, pensar quiénes son y, segundo, qué palabras van a usar para describirte. Mientras hagas el ejercicio plantéate esta pregunta:

¿Cómo quiero ser recordado?

Persona: _________________

¿Cómo me describe?

_______________________________________________________

_______________________________________________________

_______________________________________________________


Persona: _________________

¿Cómo me describe?

_______________________________________________________

_______________________________________________________

_______________________________________________________


Persona: _________________

¿Cómo me describe?

_______________________________________________________

_______________________________________________________

_______________________________________________________


Por mucho que intentemos olvidarlo o quitarlo de nuestra consciencia, la muerte es un hecho real que a todos nos va a llegar algún día. Por ello debes sacar lo máximo de esta idea. Observa a la muerte, pero no con pena, sino como un catalizador hacia vivir cada momento como si fuera único e irrepetible (porque, de hecho, lo es). Enfréntate a la muerte no con miedo, sino como la oportunidad para darlo todo mientras estás vivo.

*Constitución, valores*

"Ahora depende de ti. Unámonos y dejemos
de lado las diferencias que tratamos cada día.
Dejemos de pensar en lo que otros puedan pensar de nosotros.
Escribamos historias que nos gustaría contarles
a nuestros hijos cuando seamos mayores.
Si te estás sintiendo bien, díselo a todo el mundo a tu alrededor.
Baila como si nadie te estuviese mirando.
Y canta como si nadie pudiese escucharte.
Demos lo máximo de esta vida. Da el próximo paso en tu vida".
*Adaptación del opening de* Electric Love Festival, *2013*

## 71. Carta de gratitud a mí mismo

Tú eres la persona que te ha hecho llegar hasta dónde estás hoy. Mucha gente ha podido aportar sus granitos de arena, pero el único que ha pasado todos los días de tu vida dentro y fuera de ti, has sido tú.

En esta *Oportunidad* vas a aplicar la última *Oportunidad* de gratitud que has hecho (página 266) pero en este caso contigo mismo: vas a escribirte una carta de gratitud. Explica en ella todo lo que en estos últimos meses has hecho y por qué estás tan orgulloso de ti. Pero también escribe todo aquello que no conseguiste, y así crearás la base para la *Oportunidad* 80 (página 292). Utiliza el espacio para escribir un boceto de esa carta, da alas a tu gratitud y escríbete todo lo que necesites.

### CARTA DE GRATITUD A MÍ MISMO

Cuando acabes, envíate la carta de verdad a ti mismo (si la oficina de correos está muy lejos de ti, al menos pon la carta en un sobre y déjala dentro de tu buzón). El día que la recibas, ábrela y léela en voz alta para ti mismo.

*Sueños, objetivos*

*creación*

## 72. Revivir un *Día de Museo*

"Porque al final, no recordarás el tiempo que pasaste
trabajando en la oficina o cortando el césped.
Así que sube esa maldita montaña".
*Jack Kerouac, autor y poeta*

Imagínate que hoy es el último día de tu vida y se te hace saber. Es decir, que en este día se va a acabar todo y que después no habrá nada, no habrá vida después de tu muerte. Tu cuerpo físico quedará unos años en este mundo, pero tu alma desaparecerá por completo. Imagina también que este último día se te da la oportunidad de revivir cualquier día de tu vida o una combinación de los mejores momentos que tuviste hasta ahora.

Describe ese gran *Día de Museo* con todo detalle: con quién estabas, dónde estabas, qué estabas haciendo y qué estabas sintiendo. No escatimes en detalles. Para facilitarte la visualización, crea cada imagen lo más minuciosamente posible, empezando por lo que harías nada más despertarte y siguiendo cronológicamente hasta la medianoche.

Si pudieses, ¿qué *Días de Museo* volverías a revivir?

La pregunta de este ejercicio es provocadora, para que así tu imaginación piense sin límites. Una vez lo tengas terminado, habrás recordado momentos que mejoraron tus días. Pero para que estos recuerdos no se queden simplemente en bonitas memorias, ahora es el momento de que reflexiones con la siguiente pregunta:

¿Cuánto pagarías por revivir alguno de estos días o experiencias?

Puede que no necesites pagar nada para poder repetir algunas de las mejores experiencias vividas hasta la fecha. Pero esta segunda pregunta provocadora te ayudará en la segunda parte de este ejercicio.
Coge un bolígrafo de otro color (o el mismo que utilizas para escribir los ejercicios) y subraya o rodea todo aquello que quieres que se repita durante el resto de la vida que te queda.

Por último, revisa en el capítulo *Mis Fundamentos* qué has descubierto sobre ti o qué podrías modificar. Este ejercicio tiene tantas respuestas posibles como personas hay en el mundo, por lo que puede que afecte tanto a tu *Constitución* y valores, como a los sueños, o a cualquier otro nivel.

*BONUS*

Utiliza el máximo potencial de todo aquello que aprendes y tiene un impacto positivo en tu vida. Esta *Oportunidad* es otra de esas que puedes hacer más de una vez. De hecho, repetirla cada cierto tiempo te aportará recuerdos de bonitos momentos y le dará a tu imaginación pistas detalladas que te ayudarán a conseguir más de aquello que te hace sentir bien. A nosotros personalmente nos gusta mucho recordar, el último día del año, los cinco momentos más épicos del año. De este modo conseguimos, poco a poco, un magnífico listado de recursos para repetir en los años siguientes.

*Constitución, valores, sueños*

## 73. Guía básica de meditación

*"Para comprender lo inconmensurable,
la mente debe estar extraordinariamente tranquila, quieta".*
*Jiddu Krishnamurti, filósofo y autor*

A lo largo del libro te hemos introducido brevemente en el fascinante y efectivo mundo de la meditación. Las personas que están iniciándose en este tema o aquellas a que les cause un poco de aversión, puede que se sientan un poco abrumadas cuando se les habla de meditar. En parte por el *marketing* bueno y malo que tiene, y por otra parte por la cantidad de información y tipos de meditación que existen. Sea cual fuere tu postura hacia este tema, en la *Oportunidad* 3 (página 139) ya hiciste tu primera meditación, comenzando por observar tu respiración durante un minuto.

Pero ¿qué es realmente una meditación? Como nos gustan las cosas sencillas y pragmáticas, definimos meditar como la capacidad para concentrarse conscientemente en la respiración, en el cuerpo y para eliminar todo lo demás. Meditación es aprender a *callar los monos*. Ya sea para calmar la mente, reducir la ansiedad o el estrés, o hasta para mejorar tu capacidad de atención, esta práctica mejorará tu calidad de vida.

Nuestro deseo para ti es que incluyas esta práctica en tu vida cotidiana. No es necesario que le dediques una hora diaria, puesto que la meditación bien hecha de cinco minutos vale más que la de una hora mal practicada.

Como casi todo, la mejor forma de introducir este hábito, es evolucionando paso a paso. Como ya eres capaz de hacer una meditación de un minuto, nuestra propuesta es que te asegures de disponer hoy de cinco minutos de tranquilidad, en los que puedas estar solo y sin distracciones alrededor.

Repite la base que te explicamos en la *Oportunidad* 3, y ves añadiendo o probando algunas de las siguientes guías para buscar la meditación que más se adapte a tu forma de ser o estado emocional de este día:

- Para facilitar la concentración, imagina cómo el aire entra y sale a través de tu nariz o por tu garganta y tus pulmones.

- Para realizar una respiración más profunda, imagina cómo el aire entra primero en tu abdomen, después en los pulmones y finalmente en la parte superior del pecho; exhala en sentido contrario: parte superior del pecho, pulmones, abdomen.

- Otro método para mejorar la concentración es contar hasta diez en cada inhalación y cada exhalación y volver otra vez hacia atrás (si pierdes la cuenta vuelve a empezar desde el principio).

- En el momento en que tu mente pierda la concentración y cambie a lo que vas a cenar más tarde o a lo que hiciste ayer, ¡no te preocupes! Observa y sé consciente de ese pensamiento... Y cuando estés preparado, vuelve a tu meditación.

- Algunas personas prefieren usar música instrumental o meditaciones guiadas con la voz de un especialista; sé curioso y busca alguna de estas opciones en *YouTube* o en cualquier otro medio.

- También puedes probar usar mantras (esa palabra o palabras que repites constantemente para mantener el foco). No es necesario que sean palabras religiosas o que no entiendas, puedes crear tu propio mantra, uno que verdaderamente signifique algo para ti, por ejemplo decir la palabra "amor" cada vez que exhales.

- Por último, la intención. Antes de sentarte a meditar, piensa la razón de estar ahí y cuál es el resultado que esperas. Puede ser mejorar tu concentración, reducir la ansiedad o pueden ser intenciones más profundas como sentir el amor propio. ¡Busca la tuya!

- *BONUS*: Una de las técnicas más efectivas a la hora de meditar, es la de escanear tu cuerpo. A pesar de ser una técnica en principio no enfocada a la relajación, sí que se encuentra directamente relacionada con la consciencia. Una vez estés cómodo, relajado y con los ojos cerrados, empieza a imaginar que eres un escáner, ve parándote atentamente en cada una de las partes y órganos de tu cuerpo. Mientras le dedicas unos segundos a cada parte de tu cuerpo, también puedes agradecer su función y tu bienestar, y así completarás un perfecto ejercicio de comprensión, gratitud e inteligencia espiritual.

Finalmente, queremos explicarte cómo el uso de tu respiración, que es una parte muy importante de la meditación, puede tener un mayor impacto en tu día a día:

- Si te sientes estresado o no puedes dormir, haz tus exhalaciones más largas que tus inhalaciones (por ejemplo inhala en cuatro segundos y exhala en seis u ocho), así tu sistema nervioso autónomo se relajará.

- En cambio si lo que necesitas es simplemente concentrarte y estabilizar tu mente, mantén el mismo ratio de inhalaciones y exhalaciones (entre cuatro y seis segundos por cada una sería adecuado).

- Como tercera opción, si lo que quieres es usar la respiración para despertarte como si bebieras un café de buena mañana, realiza la llamada *respiración de fuego*. Esta respiración requiere un poco más de explicación y precauciones, por ello te recomendamos que busques en *Google* el término: "*respiración de fuego*".

Quizás la meditación no sea para ti o quizás se convierta en tu nuevo ritual diario. Si la palabra "meditación" te asusta, define este ejercicio como un simple entrenamiento de la concentración y la respiración. Lo único que tenemos claro es que la mejor forma de comprobar si te funciona, es probando y experimentando. Si no te funciona, cambia y prueba otro método, hasta que encuentres la forma de calmar y de mantener tranquila tu mente, de manera que seas capaz de encontrarte contigo mismo.

Una de las mejores formas de empezar un hábito es comprometerte contigo mismo a que vas a hacerlo. Escribe en esta línea qué objetivo podrías tener para esta semana en relación con tu práctica de meditación:

La mente es buena para la solución de problemas.
Para ir más allá, necesitarás otras herramientas.
¡Cree en el poder que hay dentro de ti!

*Acciones*

### 74. *Experimento de Simpatía*

*"Una de las cosas más importantes que puedes hacer en este mundo
es hacer que la gente sepa que no está sola".*
*Shannon L. Alder, autora*

Cada día nos cruzamos y relacionamos con todo tipo de personas; la
mayoría de ellas nos pasan totalmente desapercibidas. La buena noticia
es que depende de nosotros, y no de los demás, cómo queremos que
sean nuestras interacciones. Podemos tener el rol de pasividad e
ignorancia con quien está a nuestro alrededor, o podemos devolver una
sonrisa y un gesto amable. Seguramente estarás de acuerdo en que la
mejor opción es la segunda y para conseguir esto vas a usar el *Experimento
de Simpatía*.

Este consiste en salir de casa dispuesto a ayudar a todo aquel con el que
te cruces. Ayudar puede significar desde echar una mano con la compra
a alguien que no pueda cargar mucho peso, hasta simplemente darle los
buenos días con una gran sonrisa al cajero del supermercado. Los dos
porqués de este ejercicio son: primero, que no hay nada más respetable
que saber agradecer de corazón a la gente que te cruzas cada día, desde
el minuto uno desde que sales de tu casa; y segundo, que aun siendo
personas desconocidas aquellas a las que les manifiestes tu simpatía, el
sentimiento de gratitud que crearás en ti te perseguirá todo el día.

Para ponerlo en práctica, nada más salgas de tu casa, estate atento a
los encuentros que tienes diariamente con la gente y piensa cómo
podrías sacarles una sonrisa. Además, presta atención a quién te está
devolviendo esa amabilidad, ya que el *Experimento de Simpatía* es como
un bumerán, que puede que te retorne muchas veces.

Utiliza la siguiente hoja para para recordar tres situaciones del pasado
en las que otros expresaran simpatía hacia ti. De esta forma avivarás tu
consciencia atendiendo a lo importante que es contagiar felicidad
incluso con quienes no conoces. Si no te vienen a la cabeza situaciones
recientes, viaja un poco más al pasado u observa durante los próximos
días una de estas situaciones.

Esperando al metro, una chica me ha avisado de que se me habían caído las llaves. Le agradezco que haya sido tan atenta. Me he sentido considerada. No dudaré en fijarme yo también en los demás la próxima vez que viaje en metro.

Utiliza las siguientes preguntas para indagar más en las situaciones: ¿cuán agradecido fuiste? ¿Cómo te sentiste? ¿Crees que podrías hacer lo mismo por otros?

1. _______________________________________________________

\
\

_______________________________________________________

\
\

_______________________________________________________

\
\

2. _______________________________________________________

\
\

_______________________________________________________

\
\

_______________________________________________________

\
\

3. _______________________________________________________

\
\

_______________________________________________________

\
\

_______________________________________________________

*Acciones*

## 75. Mi Colección de Elogios

*"El cumplido que nos ayuda en nuestro camino
no es el que está encerrado en la mente, sino el que se habla".
Mark Twain, autor y humorista*

Hoy en día, por lo general, el *feedback* positivo y los elogios brillan por su ausencia. Pocas veces reflejamos lo que encontramos genial en otras personas y viceversa. Pueden pasar los días sin oírse un buen cumplido.

El saber decirle a otra persona las palabras adecuadas en el momento correcto puede cambiar totalmente su autoestima y su estado emocional... Y también el tuyo. Por ello, al igual que la *Oportunidad* 37 (página 206), esta tiene un doble efecto.

Para aprovechar al máximo estos pequeños momentos, cada vez que alguien te dé un *feedback* positivo o te dedique un buen cumplido, escríbelo en *Mi Colección de Elogios*, junto a la persona y al momento en el que te lo dijo. De esta modo acabarás con un bonito listado al que recurrir siempre que necesites valorarte mejor.

Dana, mi exjefa, cuando dijo ayer delante de mi jefe actual: "¡Te vamos a robar a Daniel! ¡Lo echamos a faltar en nuestro equipo!".

En la *Oportunidad* 19 (página 168) hablamos de la importancia de las relaciones a través de las redes sociales; dado que seguro que algunos de esos mensajes fueron palabras bonitas que alguien te dedicó, lo que anotaste en esas páginas puede ayudarte a empezar ahora tu colección de elogios. También puedes hacer capturas de esos mensajes y así ir guardando en tu galería de fotos un bonito repertorio de elogios. ¿No sería genial tener una colección de autoestima digital?

En las últimas tres *Oportunidades* del libro vas a aprender la importancia de dar más de lo que recibes. Por ello, cuando recibas un feedback positivo, piensa cómo podrías devolverle a esa persona unas palabras similares y, sobre todo, honestas. Considéralo como un intercambio de piropos, pregúntate: "¿Qué piropo podría hacerle la próxima vez que lo vea? Quizás también le puedas llamar, enviar un email o una carta de gratitud como las que practicaste en la *Oportunidad* 68 (página 266).

## MI COLECCIÓN DE PIROPOS

83% 

*creación*

## 76. Objetivos: *Mi Muro de los Sueños*

"Comienza a vivir de tu imaginación, no de tu memoria".
*Julian Mantle, personaje del libro* El monje que vendió su Ferrari

No es necesario esperar al uno de enero para tener propósitos para el año nuevo. De hecho muchos de estos propósitos los abandonamos al poco tiempo porque nos olvidamos de qué queríamos, y así volvemos a ser la misma persona que antes de comenzar con nuestros propósitos. En esta *Oportunidad* vas a profundizar un poco más en la *Megavisualización* que hiciste en los *Fundamentos* (página 87) para así comenzar a vivir de tu imaginación en el próximo año, ese que empieza hoy.

Primero que todo, escribe a la izquierda qué día es hoy y a la derecha el mismo día pero dentro de un año. Esto te servirá para comprobar si has cumplido tus objetivos y, al mismo tiempo, para tener una motivación más para conseguirlos.

<table>
<tr><td>___ / ___ / _______</td><td>___ / ___ / _______</td></tr>
<tr><td>hoy</td><td>hoy dentro de un año</td></tr>
</table>

Ahora, ve a las tres categorías que te presentamos en la *Oportunidad* 52 (página 237) y escribe, para cada una de ellas, al menos un objetivo que habrás conseguido dentro de un año. Te las recordamos brevemente: tener y obtener cosas; hacer y disfrutar experiencias; y ser y convertirse en alguien. Piensa con total libertad, sin ponerte límites e intenta tener el mismo número de objetivos en las tres categorías. Por supuesto, asegúrate de que los objetivos estén relacionados con los sueños que tienes ya en *Mi Muro de los Sueños* (*Oportunidad* 52).

Cuando escribas los objetivos, imagínate que estás viviendo ya el éxito de haberlo conseguido, es decir, escribe como si el presente fuese ya dentro de un año. Finalmente enumera cada uno de ellos en el espacio que tienes entre paréntesis.

¿Qué cosas he conseguido tener este año?

(   ) _______________________________________________

(   ) _______________________________________________

(   ) _______________________________________________

¿Qué experiencias he hecho y disfrutado este año?

(   ) _______________________________________________

(   ) _______________________________________________

(   ) _______________________________________________

¿En qué persona me he convertido este año?

(   ) _______________________________________________

(   ) _______________________________________________

(   ) _______________________________________________

Vuelve a estas páginas dentro de un año y resérvate unos minutos para hacer balance de cómo fue y de todo lo que conseguiste. Celebra y disfruta hasta dónde te ha llevado el poder de la visualización. Después vuelve a repetir el proceso de crear, para el siguiente año, lo que te gustaría tener, hacer y ser, de forma que lo conviertas en un bonito hábito anual.

## 77. La importancia del *feedback*

*"El feedback es el desayuno de los campeones".*
*Ken Blanchard, autor experto en gestión*

Muchas veces caminamos en una dirección que pensamos que es la correcta, hasta que nos damos cuenta –quizás demasiado tarde– de que nuestras acciones nos estaban llevando en una dirección y nuestros sueños estaban totalmente al otro lado. Incluso por mucho que cambies tu forma de actuar, tus objetivos o tu estrategia, si no llevas a cabo un proceso de revisión para saber en qué parte del camino estás, lo más seguro es que acabes estancado e incluso puede que desmotivado.

En la *Oportunidad* de creación anterior, el número 76 (página 283), te planteaste objetivos a un año en las tres categorías: tener, hacer y ser. Para que no pasen 365 días y te des cuenta de que no has llegado a donde querías, te recomendamos que hagas revisiones, como mínimo, mensualmente. De esta manera:

- Si las acciones que estás llevando a cabo te están acercando, sigue;
- en caso contrario, estarás a tiempo de cambiar tus acciones.

¿Cuál es una buena forma de asegurarte de que sigues en el camino más rápido y directo hacia tus sueños? ¡Vamos con un ejemplo!

**Sueño en 365 días:** Estoy en una relación estable con la que comparto gustos y aficiones.

**Acción mes 1:** Ir al gimnasio para sentirme mejor y conocer gente diferente.
*Feedback* **mes 1:** He conocido a algunas personas pero, no conectamos; además, el gimnasio me aburre.

**Acción mes 2:** Usar mi tiempo para hacer lo que me gusta, apuntarme a clases de batucada y juntarme con el grupo que se ha formado durante las clases. Es algo que siempre me ha atraído desde que empecé a tocar la percusión.
*Feedback* **mes 2:** Me he relacionado con personas interesantes y, de entre ellas, he conocido a una con la que he conectado muy bien. Aunque no hay nadie que todavía me atraiga, ¡me lo estoy pasando genial!

A continuación te hemos dejado espacio para realizar el primer *feedback* de uno de tus objetivos definidos en la *Oportunidad* 76. Así podrás usar este esquema para otros objetivos y futuros ejercicios de *feedback*. Escoge un objetivo y escribe la primera acción que vas a hacer. Vuelve dentro de un mes y comprueba si estas acciones te están acercando a tus objetivos. Sé honesto con tu *feedback* para saber si necesitas cambiar algo.

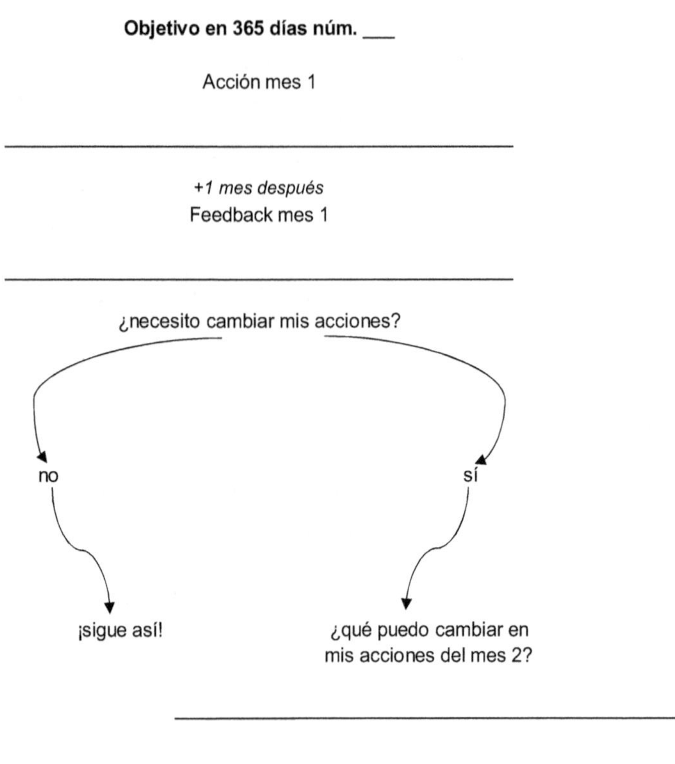


Tener objetivos a largo plazo es vital, pero comprobar que avanzas a corto plazo con ellos es fundamental para mantenerte en el camino correcto y seguir motivándote. Cada pequeña victoria te hará caminar con más facilidad hacia el siguiente paso. Para ello, no olvides la herramienta de esta *Oportunidad*: medir y seguir tus acciones.

*Sueños, objetivos, acciones*

*gratitud*

## 78. Emocionalmente libre

"Un individuo codependiente es aquel
que ha dejado que el comportamiento de otra persona le afecte
y se ha obsesionado con controlar el comportamiento de esa persona".
*Melody Beattie, autora*

Seguro que conoces muchas historias de personas –o incluso puede que también las hayas vivido en primera persona– que sufren y dependen de otros seres humanos desmedidamente. Anteponen su felicidad y sueños, sin pensar ni un momento en sí mismos. Se hallan totalmente perdidos, en un limbo de dependencia emocional. Pierden su personalidad, su ser más íntimo, incluso se vuelcan completamente por otra persona por miedo a perderla.

El primer paso para no volver a vivir una situación así es reconocer hasta qué punto estuviste sufriendo en experiencias anteriores. Por ello en esta *Oportunidad* indagarás en tu sufrimiento del pasado contestando a las siguientes preguntas.

¿Qué cosas hacías tú por esa persona que te perjudicaban tanto?

_______________________________________________________

_______________________________________________________

_______________________________________________________

_______________________________________________________

¿Eras consciente en todo momento de cuánto te estaban perjudicando y aun así te dejaste llevar por esas emociones? Explica cómo te sentiste.

_______________________________________________________

_______________________________________________________

_______________________________________________________

_______________________________________________________

¿Cómo conseguiste salir de la situación de dependencia y cortar con todo ese sufrimiento? ¿Cómo descubriste que muy dentro de ti sabías que merecías algo mejor?

_______________________________________________________________

_______________________________________________________________

_______________________________________________________________

_______________________________________________________________

Si has tenido la suerte de hasta ahora no haber vivido una situación como la descrita, puedes compartir esta *Oportunidad* con alguien que conozcas y que sí haya pasado por algo así. De todas formas, en la *Oportunidad* 87 (página 304) te explicaremos el arte de dejar ir las cosas, y seguro que encontrarás algo con lo que practicar.

Consideramos de gran importancia saber vivir una vida independiente sentimental y emocionalmente. Eso se traduce en saber elegir bien a las personas con las que compartimos nuestra vida. Deseamos que tras esta *Oportunidad* reconsideres quién merece vivir a tu lado y por qué.

## 79. Dejar de procrastinar

*"Si estás dispuesto a hacer solo lo que sea fácil, la vida será dura.*
*Pero si estás dispuesto a hacer lo que sea duro, la vida será fácil".*
*T. Harv Ecker, autor y empresario*

Seguro que tienes momentos en los que te sientes estancado en un proyecto, tarea o aspecto de tu vida. Momentos en los que empiezas a dejar pendientes los objetivos y acciones, para retomarlos y abandonarlos una y otra vez, sin llegar a acabarlos nunca. El cansancio se acumula, y llegas a sentirte vago e irritado.

Si fuese así, mi propuesta sería algo así como: si estás parado sin lograr acabar algo, recuerda que las personas que más hacen son las que están en el *flow*, esas que entran en el ritmo de empezar, hacer y acabar cualquier cosa. Por ello para acabar tus propias tareas, empieza a hacer, empieza a mover esa rueda que te meta en el *flow*.

Sí, es apasionante pensar en el futuro o perderse en memorias del pasado, pero es mucho más complicado poner tu energía en lo que realmente importa, es decir, en lo que tenemos delante de nosotros en este mismo instante; y aún más difícil es volcarse en ello si es algo que no queremos hacer. Pero es tremendamente importante hacerlo, ya que puede que sea la última cosa que hagas. Cómo vives este momento es como vives tu vida. Cómo utilizas este minuto es como aprovecharás todos los restantes minutos y días que te queden por vivir.

Escribe a continuación hasta cinco tareas que lleves postergando un tiempo, aquello que tanto te cuesta hacer pero que bien sabes que te servirá de mucho acabar. Puede ser una tarea puntual o un hábito.

Empezar a hacer cada día, al menos, veinte minutos de cardio.

1. _______________________________________________________________

2. _______________________________________________________________

3. _______________________________________________________________

4. _______________________________________________

5. _______________________________________________

Antes que todo, revisa –de acuerdo con lo que aprendiste en la *Oportunidad* 57 (página 245 )– si alguna de las tareas que has escrito son doble "NO": "no importante y no urgente"; si es el caso, táchalas directamente y olvídate de ellas. Para las restantes, pregúntate:

¿Qué hay detrás de mi rechazo a acabar las tareas? ¿Qué me lo impide?

________________________________________________

________________________________________________

________________________________________________

________________________________________________

Por último, escoge tres de ellas y escribe para cada una cuándo vas a tenerlas acabadas. No te quedes esperando a que llegue alguien o pase algo para deshacerte de esa tarea. Sé la persona que dice "sí" y cumple su palabra con acciones.

___ / ___ / _______        ___ / ___ / _______        ___ / ___ / _______

Solo cuando haces aquello que crees que no es importante, que no tienes ganas de hacer, para lo que constantemente dices que no tienes tiempo, aquello que te cuesta empezar… es cuando empiezas a estar un paso más próximo a tu objetivo. Solo cuando haces aquello que nadie hace, aquello que creas cuando todos están durmiendo, te despiertas más cerca de tus sueños.

"Usted está dormido.
No sabe quién es porque no se conoce a sí mismo.
Hoy es una persona, mañana es otra.
Usted no hace las cosas, las cosas le hacen a usted.
Así que me atrevería a decirle que,
si no se toma en serio lo que le digo,
si no asume el trabajo sobre sí mismo
como lo más importante que haga en su vida,
seguirá durmiendo hasta el día de su muerte".
*George Gurdjieff, místico y maestro espiritual*

## 80. Un *email* a un año vista

En la *Oportunidad* 71 (página 272) te escribiste una carta a ti mismo, entre otras cosas, contando todo lo que tienes por aprender y cuánto puedes superarte. Esto te habrá dado una imagen de alguno de los objetivos y/o sueños que quieres conseguir en los próximos meses. Así que en esta *Oportunidad* vas a realizar una visualización sobre estos temas dentro de un año.

En este caso, en vez de una carta física, vas a hacerlo de manera digital. Escríbete un *e-mail* a ti mismo y, al ir a enviarlo, marca la opción de "programar" para que te llegue dentro de un año. Escribe a esa persona que quieres llegar a ser en 365 días, visualizando cómo has conseguido cumplir con tus esperanzas y tus sueños, asumiendo así el trabajo contigo mismo.

Al comprometerte contigo mismo por escrito, aunque durante ese tiempo no te des cuenta, tu subconsciente estará trabajando para cumplir todo lo que te has prometido. También te ayudará a descubrirte a ti mismo un poco más, de forma que te valores y te motives lo suficiente para dejar de estar dormido y despertar hacia los increíbles proyectos de tu vida. Utiliza estas líneas para escribir algunas de las ideas de lo que te vas a enviar (o también puedes escribirlo directamente en tu correo electrónico).

### *EMAIL* PARA MÍ DENTRO DE UN AÑO

*Sueños, objetivos*

*consciencia*

## 81. No compares tu viaje

"La comparación conmigo mismo mejora,
la comparación con los demás trae descontento".
*Betty Jamie Chung, autora*

Pasamos el día midiendo nuestra vida respecto a otras personas: gente que nos cruzamos en la calle, compañeros de estudios o trabajo, familiares, etc. Más aún, actualmente tenemos una forma instantánea y mundial para compararnos: la digital. Solo hace falta un *smartphone* y alguna red social para empezar a medirse en relación con las fotos y vídeos de personas que no conocemos de nada. Nuestra atención está encendida casi sin descanso, buscando aquello que otros tienen, aquello que hacen o aquello en lo que son mejores que nosotros. Y esto solo nos provoca insatisfacción y baja autoestima.

Tendemos a sobrevalorar a los demás
y a subestimarnos a nosotros mismos.

En esta *Oportunidad* vas a aprender uno de los dos modos en los que la comparación puede ser el camino para el éxito y la satisfacción personal. En la *Oportunidad* 91 (página 312) aprenderás la segunda posibilidad mediante el cual compararse es una receta para sentirse mejor con uno mismo.

El primer paso, como casi siempre, es tomar consciencia de esos momentos en los que estás comparándote con otra persona. Recuerda la última vez que te subestimaste ante alguien e intenta averiguar por qué lo hiciste:

Ayer me comparé con las fotos en Instagram de los profesores de yoga más de moda en el mundo. Tienen una flexibilidad increíble y hacen los *handstands* tan fácilmente como respiran. Mi insatisfacción vino por la dificultad que tengo para ganar flexibilidad.

Una vez que has observado de manera consciente esa comparación, entiende que a esas personas seguramente les llevó un largo camino llegar donde están hoy. Y, aún más importante, seguro que en algún momento anterior estuvieron en el mismo punto del camino en el que tú estás hoy.

Entonces, ¿cuál es la solución para sacar algo positivo de una comparación? Dejar de compararte con otros y hacerlo con una versión anterior de ti mismo; de este modo, tu estado emocional y motivación aumentarán. Aunque un año suele ser un buen comienzo para la mayoría de los aspectos, usarás un espacio temporal u otro dependiendo de qué faceta de tu vida quieras comparar.

Vuelve a la comparación que has escrito más arriba y esta vez compárate con la versión de ti mismo de hace justo un año (o, si lo prefieres, de cuando empezaste con el sueño de ser esa persona).

Hace un año, cuando empecé a hacer yoga y mejorar mi flexibilidad, no podía tocar el suelo cuando me agachaba hacia adelante sin doblar las piernas. Ahora mi flexibilidad ha mejorado tanto que puedo hacer multitud de posiciones de yoga y acroyoga.

Deja de intentar ser mejor que otras personas, ya que cuando te comparas con ellas, es como comparar peras con manzanas. Simplemente no te aportará nada. Empieza a confiar en la gran finalidad de tu vida: convertirte en la mejor versión de ti mismo. Y eso lo conseguirás dándole más valor a todo lo que ya eres.

*creación*

## 82. *Ikigai*

"La vida no es un problema que haya que resolver.
Solo recuerda tener algo que te mantenga ocupado
haciendo lo que amas mientras estás rodeado de las personas que te aman".
*Héctor García Puigcerver, autor del libro* Ikigai

Después de 80 *Oportunidades*, seguramente has podido averiguar un poco más sobre tu *Razón de Existencia*, hasta puede que ya tengas una idea aproximada de cuál puede ser. Por ejemplo, puedes recordar el *brainstorming* que hiciste en la *Oportunidad* 7 (página 144) o en la 40 (página 212) con preguntas más directas para categorizar tu *Razón de Existencia*. Ahora, para profundizar más en tus ideas, en esta *Oportunidad* vamos a contarte el concepto japonés de *Ikigai*, que significa: la razón de vivir, la razón de ser.

De acuerdo con la cultura japonesa, todo el mundo tiene un *Ikigai*. Descubrirlo es un camino que recorres contigo mismo, a veces largo e intenso. Este descubrimiento es de vital importancia, ya que una vez lo tienes claro, tu *Ikigai* aporta un sentido y satisfacción a tu vida, de manera que, cuando una persona descubre su *Ikigai*, vive al máximo cada segundo de vida. Incluso si aún no ha cumplido su propósito en la vida, el mero hecho de saber cuál es y que está en proceso de conseguirlo, le hace disfrutar del camino, de la vida.

Como has leído, el concepto de *Ikigai* podría ser el hermano gemelo de la *Razón de Existencia*. A lo largo de los siglos y en todo el mundo, muchas culturas han usado distintas palabras para expresar lo mismo: descubrir cuál es tu misión como ser humano en el mundo.

A continuación te proponemos una serie de preguntas que esperamos que te ayuden a esclarecer tus ideas. Entonces, ¿te animas a buscar tu propio *Ikigai* o *Razón de Existencia*?

¿Qué es lo que más me gusta hacer?

_____________________________________________________

_____________________________________________________

_______________________________________

_______________________________________

¿Qué me hace fluir? Es decir, qué tareas hago sin esfuerzo, casi como si fuese un espectador de mi propia realidad.

_______________________________________

_______________________________________

_______________________________________

_______________________________________

¿Qué actividades hago durante horas sin prestar atención a nada más?

_______________________________________

_______________________________________

_______________________________________

_______________________________________

¿Qué me mantiene constantemente interesado por aprender y crecer?

_______________________________________

_______________________________________

_______________________________________

_______________________________________

Al acabar, si crees que es un buen momento, no olvides consultar tu *Razón de Existencia* en el capítulo *Mis Fundamentos* y continuar desarrollándola.

## 83. Basta de críticas

"No critiques lo que no puedes entender".
*Bob Dylan, músico y compositor*

Cada vez que pienses mal de alguien o sientas la necesidad de criticar, vete a una playa, escribe todos esos pensamientos en la arena, muy cerquita de la orilla, para que la siguiente gran ola ¡se lleve todo por delante! Verás cómo te sientes mucho mejor después.

Lógicamente, no te estamos pidiendo que, si vives en Madrid, te vayas hasta la próxima playa para probarlo, pero esperamos que este primer párrafo te haya llamado la atención sobre lo fácil que es eliminar los sentimientos de odio, ira, rencor… llámalos como quieras.

Si recuerdas la *Oportunidad* 34 (página 201), tanto si compartes la crítica con alguien como si te la quedas para ti, estás convirtiéndote en un ladrón de energía de otros o de ti mismo.

Cuando inviertes tu energía en criticar, la mayoría de las veces no entiendes lo que está pasando, y lo único que consigues es alimentar de malos rollos tu mente y espacio vital, y esto incluso puede alejarte de tus objetivos. Si no te convencen del todo estas afirmaciones, haz lo siguiente: recuerda y escribe la última vez que cargaste tu ira contra alguien o hablaste mal de otra persona y qué efecto negativo tuvo en tu vida (si lo llegó a tener). Usa para ello estas líneas.

_________________________________________________________

_________________________________________________________

_________________________________________________________

_________________________________________________________

_________________________________________________________

¿Qué aspecto positivo te aportó ese esfuerzo mental,
más allá de desahogarte contigo mismo?

Seguramente, ¡nada! Para aprender a gestionar estas situaciones de otra manera más provechosa, observa tus palabras durante el día, sé consciente de si su intención es amable, constructiva y bienintencionada. En cambio, si tus palabras son para desahogarte y librarte de una carga mental, no te vamos a pedir que las escribas en la arena de la playa... Pero sí te vamos a pedir que pienses en otras formas de desahogarte, por ejemplo: escribe todo lo que necesitas decir en un papel, expláyate y suéltalo todo... Después, respira hondo y destruye el papel. Y si quieres un mayor impacto, destruye el papel con tus manos en miles de pedazos o, si tienes los medios, ¡quémalo!

Ahora sí que ya puedes invertir mejor tu tiempo en otras actividades. Como leer un libro, escribir sobre tu vida, o cualquier otra idea de las que te explicamos en la *Oportunidad* 67 (página 264) y que te haga volver a conectar con emociones beneficiosas.

*gratitud*

## 84. Superación de obstáculos

"Los obstáculos son esas cosas espantosas
que ves cuando quitas los ojos de tus objetivos".
*Henry Ford, empresario y fundador de* Ford Motor Company

Una de las recetas del éxito consiste en insistir. Aunque durante el camino puedas encontrarte con obstáculos que te hagan desistir, abandonar e incluso perder completamente de vista tus sueños. A veces son muros pequeños que puedes saltar en un momento, pero otras veces son obstáculos más grandes que tú. Justamente estos últimos son los más importantes, ya que están hechos para enseñarte de verdad hasta qué punto quieres conseguir lo que hay al otro lado. Si no te interesa tanto, darás media vuelta; pero si realmente te apasiona lo que hay detrás, harás todo lo posible para saltar y llegar al otro lado. ¡Vamos a comprobarlo con algún obstáculo superado en tu pasado!

¿Qué obstáculo salté recientemente en mi vida?

_______________________________________________________

¿Qué sueño había detrás y qué conseguí?

_______________________________________________________

¿Por qué valió la pena luchar por ello? ¿Qué me aportó?

_______________________________________________________

_______________________________________________________

La finalidad es doble: por una parte, que comprendas la importancia de reconocer cuántas barreras, obstáculos y muros has superado ya a lo largo de tu vida y cuán agradecido estás de ello; por otra parte, que te des cuenta de que los problemas que te preocuparon hace un tiempo, dejaron de serlo en cuanto los superaste.

*Valores, sueños, objetivos*

## 85. Enfoca solo en lo que tiene solución

*"Si tiene solución, no hay de qué preocuparse;*
*si no tiene solución, entonces tampoco hay de qué preocuparse".*
*Shantideva, monje budista y filósofo*

En la *Oportunidad* 47 (página 226) aprendiste la *Ley del 99%*, que dice que solo se materializan en la realidad un número muy pequeño de los problemas que existen en tu mente. Ahora vas a aplicar esta ley en tu día a día para invertir tu esfuerzo en aquello que realmente importa, y así mantener el foco de atención.

Empieza haciendo un listado de hasta diez aspectos de tu vida que te preocupen y ronden ahora mismo por tu cabeza. Escribe honestamente tus respuestas, recuerda que uno de los cinco principios básicos de este libro es la confidencialidad de lo que escribes: lo que aquí reflexionas es solo para ti. Esto te ayudará a escribir sin limitaciones.

*La crisis económica en mi país.*          *Aprobar el examen de biología del lunes.*

*Voy a llegar tarde al entreno.*          *No tengo tiempo para hacer la cena.*

1. _________________________          2. _________________________

3. _________________________          4. _________________________

5. _________________________          6. _________________________

7. _________________________          8. _________________________

9. _________________________          10. _________________________

Si no tienes diez preocupaciones, ¡genial! Si tienes más, de momento céntrate en las primeras diez que te hayan venido a la cabeza, porque seguramente son las que más espacio mental te están ocupando.

Después de haber averiguado qué es exactamente lo que te está causando ese malestar mental, vas a realizar la segunda parte del ejercicio para liberar esa presión. Ahora repásalas una a una, y tacha bien todas aquellas sobre las que tú no tengas ningún tipo de influencia, es decir, aquellas preocupaciones de las que no eres responsable o que no puedes hacer nada por cambiar. En nuestro ejemplo sería la primera frase.

*La crisis económica en mi país.*          *Aprobar el examen de bilogía del lunes.*

Las que hayas dejado sin tachar deben ser aquellas que, si te lo propones, sí puedas cambiar por ti mismo y sin depender de nadie. Con este sencillo paso, esperamos que te hayas dado cuenta de lo fácil que es eliminar de tu cabeza esas preocupaciones a las cuales no debes dedicar más tiempo ni energía.

Aun así, puede que te hayan quedado unas cuantas preocupaciones pendientes. Esto suele ser debido a que nos perdemos en el presente, en el día a día y lo cotidiano, olvidándonos de quiénes somos realmente y cuál es la *Razón de Existencia* de nuestra vida. Sobre el listado anterior, rodea con un círculo aquellas frases que estén directamente relacionadas con tu *Razón de Existencia* o alguna otra parte de tu *Pirámide hacia la Creación de tu Vida*. En nuestro caso sería la segunda frase.

*La crisis económica en mi país.*          *Aprobar el examen de bilogía del lunes.*

Así tendrás la habilidad de salir de lo cotidiano y enfocar el 100% de tus acciones rumbo a tus sueños, y no en cualquier otra dirección. Utiliza esta *Oportunidad* sobre todo en aquellos días que sientas que estás perdiendo el foco, preocupándote por varios temas y sin poder avanzar en lo realmente importante.

## *BONUS*

Observa tu posición respecto al mundo y todo lo que pasa en él, ¿de qué te sirve cargar una mochila con preocupaciones de más? Como *bonus* de esta *Oportunidad*, recuerda mirar la hermosa extensión del cielo de vez en cuando. Este es un increíble antídoto para el persistente egoísmo de las preocupaciones personales. Observar el espacio te hará sentirte pequeño en comparación con su inmensidad y, al mismo tiempo, te hará sentirte conectado con todo cuanto te rodea.

*Razón de Existencia, sueños, acciones*

## 86. Tres desafíos para activar tu vida

*"No vivas el mismo año setenta y cinco veces y llámalo vida".*
*Robin Sharma, autor del libro* El Monje que vendió su Ferrari

Los desafíos son sueños concretos que nos mantienen motivados. Cuando la vida de repente se vuelve rutinaria, no hay mejor acelerador que ponerse desafíos. Ponte desafíos saludables, físicos, deportivos, profesionales, mentales... y, de este modo, no vivirás el mismo año toda tu vida. La clave es asegurarte de que regularmente te planteas hacer algo que nunca hayas hecho en tu vida. No tiene que ser de gran envergadura, puede ser algo tan sencillo como probar una clase de salsa o de meditación. O mejor, algo a lo que tengas miedo o que te imponga respeto.

En esta *Oportunidad* escribirás al menos tres desafíos que siempre hayas tenido en mente y nunca hayas llegado a realizar o, ni tan siquiera, a intentar. Si has empezado con alguno ya, apúntalo también para así crear más compromiso contigo mismo. Sé detallado, redacta exactamente cómo es el desafío y cuándo quieres conseguirlo. Cuanto más claros sean, mejor los visualizarás y antes te encontrarás habiéndolos conseguido.

Llevo años queriendo estudiar mandarín. Al ser una lengua tan diferente a la mía, me cuesta mucho empezar. Me propongo conseguir un nivel A2 para este verano.

1. ______________________________________________

______________________________________________

2. ______________________________________________

______________________________________________

3. ______________________________________________

______________________________________________

*Sueños, objetivos*

"Cuanto más apegado estás a algo,
más se oscurece y se estrecha tu visión,
a veces hasta el punto de que estás convencido
de que solo hay una manera de proceder".
*Don Miguel Ruiz, autor del libro* Los Cuatro Acuerdos

## 87. El arte de dejar ir las cosas

El arte de dejar ir las situaciones y sucesos, así como las personas y emociones de la vida, es una práctica diaria y constante.

Lo más habitual es que no consigamos ser quien queremos ser debido, principalmente, a que vivimos anclados a quienes fuimos o a quienes creemos que seremos. Vivimos atados a esos recuerdos, memorias, personas y sentimientos que, aunque en su día fueron bonitos, tuvieron un final, como todo en esta vida. Y es que cuando llega la hora de seguir, de mirar hacia delante y de pasar página, nuestra visión de quienes somos puede ser como una caja de cartón pequeña y oscura. No podemos pensar ni ver más allá, pues nos quedamos atrapados en esa caja y nos puede costar barbaridades salir de ella, y también pensar y actuar de manera amplia y abierta.

El arte de dejar ir las cosas no quiere decir que dejes de importarte por tu vida, sino que enfoques tu energía diaria en el presente para de vez en cuando viajar al futuro, y solo viajar al pasado espontánea- y conscientemente, para recordar momentos bonitos sin necesidad de estar apegado a ellos.

En primer lugar, tenemos que aceptar qué es todo aquello a lo que, inevitablemente, te aferras. Por ello en esta *Oportunidad* te proponemos escribir dos situaciones de tu vida actual hacia las que sientas gran apego. Luego, escribe el porqué de esa dependencia y dificultad para dejarlas ir.

Siento apego a la casa donde he vivido toda mi vida, porque han sido veinticinco años creciendo como persona y rodeada de mi familia.

Apego 1

_______________________________________________

_______________________________________________

Apego 2

_______________________________________

_______________________________________

Ahora, escribe cuál te gustaría que fuese el cambio con respecto a lo que sientes hacia los apegos que acabas de escribir; incluye qué crees que deberías hacer para superar la situación, es decir, para dejar ir a esa persona o cosa. Para que sea más fácil desvincularte, escribe también qué te va a aportar el no estar tan apegado a ello. ¿Qué cambiaría en tu vida si no tuvieses esos apegos?

Me gustaría poder cambiar el lugar donde siempre he vivido, de pueblo y de país, porque quiero conocer lugares y personas diferentes. Por ello, voy a prepararme un listado de aquellos nuevos lugares en los que me sentiría bien.

Cambio 1

_______________________________________

_______________________________________

Cambio 2

_______________________________________

_______________________________________

Escribir te ayudará a aceptar y a mover ficha en cualquier momento. Te ayudará a recordar e incluso a memorizar lo que quieres hacer y, de tanto repetirlo, seguro que algún día acabarás realizándolo inconscientemente. Otra forma de ayudarte a conseguir ese cambio es volviendo a la *Oportunidad* 78 (página 287). Utilízala para inspirarte hoy, ya que en esa *Oportunidad* recorriste tu pasado en busca de una situación de dependencia y averiguaste cómo pudiste salir de ella.

*Valores*

## 88. Las páginas matutinas de gratitud

"La creatividad ocurre en el momento, y en el momento somos eternos".
*Julia Cameron, en su libro* El camino del artista

En su libro *El camino del artista*, Julia Cameron describe distintas herramientas para ayudarnos a encontrar nuestra creatividad . Gracias a su trabajo, hemos adaptado una de sus herramientas a nuestras *Oportunidades* para así usar la inspiración como práctica de la gratitud.

Las páginas matutinas de agradecimiento del pasado consisten en que por la mañana, nada más levantarte, reserves media hora para escribir antes de comenzar con tu rutina. Escoge una libreta solo para esta *Oportunidad* y escribe, sin darle muchas vueltas, todo aquello por lo que estés agradecido en tu vida. Todo lo que te pasó, sentiste, observaste, aprendiste y conseguiste. Ocupa, como mínimo, una página entera de tu libreta (aunque lo ideal sería escribir sin ponerte límites).

Después de escribir, esconde tu libreta y espera unos días antes de releer o mostrarle a otros tus agradecimientos matutinos. El objetivo, como bien explica la autora, es avivar el flujo de la consciencia sin pensar quién pueda leerlo después . De esta forma, por las mañanas te sentirás totalmente libre y consciente de cuán preciada es tu vida y cuánto tienes por agradecer.

La *Oportunidad* está hecha para dirigir tus pensamientos hacia la gratitud en tu vida nada más levantarte, sin restricciones, cuando aún no te ha dado tiempo a decidir o a juzgar tu vida. Puedes escribir desde: "Hoy agradezco la cena tan especial de anoche...", hasta: "Agradezco haber encontrado el trabajo de mi vida". Todo aquello que inconscientemente fluya por tu mente.

Aquí solo te dejamos el espacio de una página para inspirarte a practicar la gratitud. Si te sirve, no dudes en coger una libreta para plasmar regularmente tu gratitud en cientos de hojas. Expresar el agradecimiento por escrito es terapéutico y un hábito fundamental para el resto de tu vida.

*Acciones*

## LAS PÁGINAS MATUTINAS DE GRATITUD

## 89. Decir "te quiero"

*"Después de que te hayas ido,*
*la gente puede olvidar la mayoría de lo que has dicho y hecho.*
*Pero recordarán que los amaste".*
*Steve Goodier, autor*

Sabemos que el tiempo cerca de nuestros seres queridos es incierto e inexacto. De hecho, una vez que te emancipas de casa (pongamos que en algún momento de tu veintena), el tiempo medio que te queda por pasar con tus padres es inferior al 10% de todos los momentos que compartirás en toda tu vida con ellos.

Practicar el afecto hacia tu gente, diciéndoles cuánto los quieres, es una de las mejores formas de acercarte un poco más a tus familiares y amigos. Demostrar el cariño que sientes por alguien no solo le hará sentirse mucho mejor a esa persona, sino a ti también.

¿Cuándo fue la última vez que le dijiste a una persona que la querías?

En esta *Oportunidad* queremos ayudarte a incluir este hábito tan simple y a la vez tan lleno de energía, uno que suena tan normal pero que muchos de nosotros practicamos poco. Es un hábito con un poder extraordinario, ya que aquellos a quienes les demuestres tu amor difícilmente podrán olvidarte.

Hoy dile sinceramente a una persona que la quieres utilizando estas palabras: "¡Te quiero!" Ya sea a tu madre, tu mejor amiga o tu pareja, ¡díselo! (si puedes, hazlo en persona; y si no, hazlo por teléfono para que al menos escuchen tu voz). Puede que no estés acostumbrado a usar estas dos palabras y que, por tanto, te frenen, pero te prometemos que en el momento en que empieces a decirlas, será más fácil y hasta te gustará.

Escribe luego qué relación tienes con esa persona y por qué le tienes tanto cariño y aprecio.

______________________________________________

______________________________________________

______________________________________________

______________________________________________

______________________________________________

______________________________________________

Recuerda repetir este hábito, de manera sincera, cada cierto tiempo, incluso con la misma persona. ¿O conoces a alguien que se canse de escuchar que la quieren?

*Acciones*

## 90. ¿En qué sería el mejor?

*"Trabajar duro por algo que no nos importa se llama 'estrés'.
Trabajar duro por algo que amamos se llama 'pasión'".*
*Simon Sinek, autor y speaker*

En esta *Oportunidad* volvemos a hacerte una pregunta para reflexionar sobre un tema que puede parecer fantasioso a priori, pero que podrá esclarecer varios niveles de tu *Pirámide hacia la Creación de tu Vida*. Intenta contestar sin ningún tipo de prejuicio, ni límites. Cuanto más te guíes por tu intuición, mayor impacto tendrá la pregunta.

Si pudieses elegir, ¿en qué serías el mejor?

Deja pasar unos minutos, o incluso vuelve al ejercicio por la noche o cuando te venga la inspiración durante el día.

Puede que tu respuesta haya sido algún aspecto de tu vida actual que quieres mejorar, algo que ansías ser desde hace tiempo, una cosa que admiras en tus ídolos, o incluso algo tan ridículamente imposible que está fuera de los límites de lo real. Lo bueno es que cualquier respuesta es correcta, ya que el objetivo de esta *Oportunidad* es descubrir qué es lo que realmente te apasiona, incluso cuando no tengas los medios o habilidades para poder actuar. De esta forma podrás poner tu atención en lo que de verdad amas.

Por último, vas a analizar si esta reflexión puede tener alguna relación con uno o varios de los niveles de tu *Pirámide hacia la Creación de tu Vida*. Pero antes, te dejamos un ejemplo para que entiendas mejor el resto del ejercicio.

Me gustaría ser la mejor mánager de mi propia empresa de restaurantes y eventos de ocio.

¿Cómo podría incluir o relacionar esto con mi *Razón de Existencia*?

*Razón de Existencia*: Crear un lugar donde la gente venga a disfrutar de comida exquisita, a conocer personas e vivir una experiencia única.

---

¿Qué impacto podría tener en mi *Constitución*? Es decir, ¿me ayuda a construir el mapa de mi vida?

Constitución: soy una persona emprendedora.

---

¿Esta respuesta está describiendo algún valor mío? En otras palabras, ¿es una frase con impacto en mi forma de comportarte habitualmente?

Valores: Soy una líder y empatizo rápidamente con las personas. Crear e innovar en el mundo gastronómico me hacer despertarme con energía todos los días.

---

---

¿Representa un sueño que ansío conseguir?

Sueño: Tener y dirigir un lugar de restauración y ocio en Formentera el próximo año.

---

---

Si has podido contestar alguna de las últimas preguntas, no dudes en ir al capítulo *Mis Fundamentos* para completar un poco más el correspondiente nivel de tu *Pirámide hacia la Creación de tu Vida*. Recuerda que si has añadido o modificado algo en tu *Razón de Existencia*, seguramente también tengas que escribir algo relacionado en los niveles inferiores.

*Razón de Existencia, Constitución, valores, sueños*

## 91. *Mis Gafas de la Ventaja Comparativa*

*"Bien podemos hacernos miserables o podemos hacernos fuertes.*
*La cantidad de esfuerzo es la misma".*
*Pema Chödrön, monja budista*

En la *Oportunidad* de consciencia 81 (página 293) aprendiste a usar la comparación como receta para el éxito y satisfacción personal. En esta *Oportunidad* vas a usar la comparación con una perspectiva totalmente diferente: vas a ver la realidad con lo que llamamos las *Gafas de la Ventaja Comparativa*.

Nos pasamos gran parte de nuestra vida lamentándonos de lo que no somos o no tenemos. Por una parte, porque nuestro cerebro tiene una preferencia pesimista en la memoria para así activar el modo de defensa. Por otra parte, tendemos a comparamos con gente que está – o parece estar– en una mejor situación, cosa que hace que nos sintamos pequeños. Para esos momentos que te hacen bajar tu autoestima, esta *Oportunidad* te va a ayudar a conseguir totalmente lo contrario.

¿Cuántas veces al día te sientes con baja autoestima
al ver que no eres quien te gustaría ser?

Por ejemplo, seguramente tengas este sentimiento después de perder el tiempo en *Instagram* viendo la vidas ajenas aparentemente exitosas. Piensa que aunque pueda ser cierto que otros tengan éxito (en otros casos no lo será tanto), no es necesario que te machaques con tu situación actual.

Todo esto puede hacer que te ciegues ante todos los éxitos que ya has conseguido y ante esos que estás camino de conseguir. Por ello, usa el espacio de la siguiente hoja para enumerar tres aspectos de tu vida con los que, a priori, no estás demasiado contento. Después, para cada uno de ellos, piensa en alguna persona o grupo de personas que esté peor que tú en ese aspecto.

**Mi situación actual:** No he conseguido la promoción que tanto ansiaba y en cambio se la han dado a Jorge.

**Ventaja Comparativa:** Tengo mucho éxito, porque tengo un trabajo fijo y que disfruto. En mi país, casi la mitad de los jóvenes están en busca de trabajo.

Mi situación actual 1:

_______________________________________________

Ventaja Comparativa 1:

_______________________________________________

Mi situación actual 2:

_______________________________________________

Ventaja Comparativa 2:

_______________________________________________

Mi situación actual 3:

_______________________________________________

Ventaja Comparativa 3:

_______________________________________________

No se trata de centrarse en las desgracias de otros, sino en utilizar tu energía en hacerte fuerte en vez de miserable. En hacerte ver que, por mal que parezca tu situación, siempre hay motivos para sonreír y salir hacia adelante.

*Sueños, objetivos, acciones*

## 92. ¿Cómo llevas tu *plan A*?

"Falta de dirección, no de tiempo, es el problema.
Todos tenemos veinticuatro horas al día".
*Zig Ziglar, autor y speaker motivacional*

La cultura predominante hoy en día nos incita a tener, a hacer y a ser más. Cuantos más objetos tenemos, cuantas más experiencias vivimos y cuantos más roles podemos seguir, más cerca estaremos del éxito... supuestamente.
¿Por qué hay gente que parece conseguir más con su vida? Como bien dijo Zig Ziglar, todos tenemos a nuestra disposición la misma cantidad de horas al día. Una de las diferencias es que algunos apuntan a decenas de sueños y objetivos, mientras que otros van directos al único plan A, sin considerar en absoluto cualquier alternativa.

¿Has pensado alguna vez cuál podría ser tu único y valioso plan A?

Utiliza estas líneas para pensar en aquello que, si pasase, no te haría falta ninguna otra cosa más ¡ni plan B, ni mucho menos plan Z!

Mi plan A es acabar la carrera de magisterio, para así poder dar clases en el instituto de mi barrio y convertirme en un maestro que contribuye al desarrollo de alumnos.

Mi plan A es _______________________________________________

_______________________________________________

Como recordarás del principio de este libro, una de las mejores formas de comprometerte con lo que acabas de escribir es encontrando el porqué. Escribe por qué vas a comprometerte a que tu plan A sea tu único plan.

Me comprometo con mi plan A porque me permitirá vivir y trabajar cerca de la gente que quiero. Además, con ello cumpliré mi *Razón de Existencia*.

Me comprometo con mi plan A porque _______________________________

_______________________________________________

Por último, y ahora que te has comprometido con un plan A, es momento de presentarte el famoso *principio de Pareto*. Hoy en día es aplicado en multitud de ámbitos: empresarial, deportivo, científico... Y también puedes usarlo en tu vida. Resumiendo, este principio dice que, por norma general, el 80% de tus resultado vienen del 20% de tu esfuerzo. En otras palabras: de cada diez horas, dos te están aportando casi todo lo que quieres en la vida; en cambio, las restantes ocho horas podrías eliminarlas de tu vida y conseguirías prácticamente los mismos resultados. Con un ejemplo más concreto, el 80% de los resultados de una rutina de gimnasio viene del 20% del tiempo de entreno en que lo das todo.

De las veinticuatro horas que tiene un día, ¿cuántas le dedicas a tu plan A?
Si es más del 20%, ¿cómo podrías ser más productivo?
Si es menos del 20%, ¿cómo podrías invertir más tiempo en él?

Actualmente le dedico dos horas al día a mi plan A. Me comprometo a aumentar, de momento, una hora más y así en dos semanas llegar a cuatro horas diarias.

Actualmente ______________________________________________________

______________________________________________________

Comprometerte con un objetivo te dará toda la energía necesaria, hará aumentar tu creatividad y te ayudará a encontrar soluciones donde antes no las veías.

*Razón de Existencia, sueños*

## 93. *Reset*

*"Esa última página pasada es una excusa perfecta
para escribir un libro completamente nuevo".*
*Toni Sorenson, autora*

Esta *Oportunidad* se compone de dos partes –cada una con un enfoque distinto– que te llevarán al mismo resultado: resetear tu presente. En ambas verás que te damos distintos niveles para resetear cuanto necesites. Empieza poco a poco y ve probando aquello que te siente mejor. El objetivo es saber desconectar para volver después con más energía y valorando mejor quién eres.

### ¿Cuándo tuviste tu último descanso físico y mental verdadero?

En esta primera parte vas a resetear tu presente con lo que llamamos "retiros para la mente y el cuerpo". Está claro que para llegar lejos, para conseguir objetivos y sueños, y para vivir tu propia *Razón de Existencia*, es necesario trabajar intensamente en ellos y dedicarles tiempo. Pero esta no es una relación proporcional, es decir, llega un momento en el cual, por mucho que trabajes, no vas a acercarte a tus sueños antes, (incluso lo contrario, puedes alejarte de ellos).

Entonces, si no es con más esfuerzo, ¿cómo conseguir seguir creciendo? Aunque suene paradójico, la respuesta es simple: con descanso. Tu cuerpo, tu mente e incluso tu espíritu lo necesita. Cuando decimos "descanso" no nos referimos simplemente a una siesta larga o a dejar de lado durante unas horas tu lista de tareas. Nos referimos a desconectar totalmente de todo durante, como mínimo, una semana, para así resetear y volver con más fuerza y energía.

Te dejamos unos ejemplos de todo aquello que a nosotros nos sirve. Si no encuentras nada que te llame la atención, experimenta y crea tu propia opción de desconexión:

- Escápate una semana a un lugar de la naturaleza alejado de tu vida diaria.
- Participa diez días en un retiro de yoga o de cualquier otra disciplina.
- Coge la tienda de campaña y viaja sin rumbo hasta que te canses.
- Vuelve a la casa de verano de tu niñez y simplemente quédate ahí.

- ◦ Combina alguno de estos con la segunda parte del ejercicio.
- ◦ ¡Inventa el tuyo!

En el nivel extremo, nos referimos a desconectar dejando todo en casa antes de salir. Y con "todo" nos referimos a: móviles, libros, rutinas de entreno, deberes, listados to do, etc. Durante los retiros puedes hacer todo esto, pero hazlo sin compromiso: si te apetece salir a correr tus 10Km diarios, hazlo porque te apetece y no porque tengas que hacerlo.

Como de costumbre, utiliza el espacio para fijar cuándo vas a hacer tu retiro; si ya sabes cómo quieres pasarlo, anótalo también. Un buen compromiso sería incluir un retiro de al menos una semana cada año.

## ¿Cuándo fue la última vez que tus sentidos te sorprendieron?

Para esta enseñanza nos gusta traer un ejemplo de nuestra infancia. Un día especial estábamos los dos hermanos con nuestros padres disfrutando de uno de los manjares del lugar donde nos criamos: de la gamba roja de Denia. Y uno de nosotros le preguntó a nuestro padre: "¿Por qué no podemos comerlas todos los días? ¡El sabor es brutal!" A lo que él contestó: "Si las comiésemos todos los días, os prometo que dejarían de gustaros". Aceptamos a regañadientes, pero aprendimos una lección: debemos dosificar nuestros sentidos para apreciarlos mejor.

Seguramente podrás traer a la memoria situaciones similares, no solo con la comida, sino también con cualquier otro estimulante de tus sentidos. Por ejemplo, después de una semana viendo series *online* como un obseso, hasta el mejor capítulo de tu serie favorita deja de entretenerte; después de escuchar una buena canción más de mil veces, parece no ser tan buena; después de haber estrenado el sofá nuevo, te acostumbras y ya no parece tan cómodo… Y así podríamos continuar la lista con un sinfín de estimulantes que a priori nos encantan pero que dejarían de hacerlo si abusáramos de ellos.

¿Cómo lograr seguir disfrutando de nuestros sentidos? Obviamente, como ya te habrás dado cuenta –y en línea con el ejemplo de nuestro padre– dosificar es una de las soluciones. Pero, además, te vamos a dar otra a la que llamamos "retiros para las sensaciones".

A diferencia de los retiros para la mente y el cuerpo, estos solo duran un día y puedes repetirlos cada mes. Eso sí, decide hasta dónde quieres llevar esta *Oportunidad*. ¿Qué harás en un retiro para los sentidos? Simplemente vas a vivir con lo mínimo posible. Para que lo entiendas mejor, te explicamos cómo sería un retiro en el nivel más sencillo y otro en el que lo llevarías al extremo:

- Sencillo - Duración de un día: comer solo lo que quede en casa, beber solo agua e infusiones, no gastar dinero ese día en nada, utilizar solo las piernas o una bicicleta como medio de transporte, alejar el móvil y cualquier otra tecnología y solo usarlo para lo esencial…, ¡Ahora inventa tus propios requisitos para el retiro!

- Extremo - Duración de hasta cinco días: realizar solo una comida al día basada en alimentos básicos, solo beber agua, vivir con lo que se tiene y no adquirir nada nuevo, el único medio de transporte son las piernas, la tecnología no existe, dormir en otro lugar que no sea la cama, llevar ropa lo más sencilla posible, el único entretenimiento es uno mismo... ¿Qué otras prácticas de retiro se te ocurren?

Una vez que hagas tu primer retiro de las sensaciones, por muy sencillo y corto que sea, no solo estarás reseteando lo que recibes con tus cinco sentidos, sino que también, empezarás a valorar muchísimo más todo aquello que tienes ya en tu vida y que con el día a día dejas de considerar extraordinario. Esto ya lo practicaste en la *Oportunidad* 38 (página 208), donde recordaste el cisne negro que eres.

Para acabar, comprométete y haz un pequeño *brainstorming* de aquello que podrías hacer en tu primer retiro de los sentidos:

_______________________________________________________________

_______________________________________________________________

En el camino a la cima, hasta los mejores del mundo saben cuándo tomar un descanso para así resetear su cuerpo, mente, espíritu y sensaciones.

*Sueños, objetivos, acciones*

"No puedes conectar los puntos mirando hacia adelante,
solo puedes hacerlo mirando hacia atrás,
así que tienes que confiar en que los puntos
se conectarán de alguna forma en el futuro.
Tienes que confiar en algo:
tu instinto, el destino, la vida, el karma, lo que sea.
Porque creer que los puntos se conectarán luego en el camino te dará
la confianza de seguir tu corazón, incluso cuando te conduzca fuera
del camino trillado, y eso hará toda la diferencia".
*Steve Jobs, fundador de* Apple

## 94. Conecta los puntos del pasado

¿Cuántas veces te ha pasado que estabas haciendo algo y en ese momento pensabas que no serviría de nada? Y a pesar de ello seguiste ya que tu intuición te estaba diciendo que algún día todo eso tendría sentido.

¿Cuántas veces en tu pasado has invertido tu tiempo en acciones, trabajos, actividades, conversaciones o estudios que no tenían sentido a priori ni retribución inmediata? Y a pesar de ello, más tarde todo esto ha unido unos puntos imaginarios que te han llevado a conseguir la gran mayoría de tus sueños y objetivos.

En esta *Oportunidad* queremos remarcar dos de esos momentos de tu vida. Escribe qué cosa hiciste sin que pareciese tener sentido pero que más tarde te aportó mucho. Reconocer todo aquello que hiciste en el pasado y dio su fruto más tarde te dará la fuerza para seguir confiando en conectar los puntos y en que todo lo que te pasa en la vida tiene su razón, su porqué.

Recuerdo aquel verano que pasé largas semanas estudiando cómo hacer páginas web. Pensaba que me serviría para esa asignatura de la uni que al final no cursé. Hoy, dos años después, he montado mi negocio *online* y gracias a aquel verano no he necesitado contratar a un diseñador web. Además he descubierto que se me da bastante bien.

1. _______________________________________________

_______________________________________________

_______________________________________________

2. _______________________________________________

_______________________________________________

_______________________________________________

Agradece hoy tu tiempo invertido en el pasado, ya que ¡sí tenía sentido!

*c o n s c i e n c i a*

## 95. La naturaleza te hará libre

*"En cada paseo con la naturaleza
uno recibe mucho más de lo que busca".
John Muir, naturalista conocido como "padre de los parques naturales"*

Una de las mejores formas de conectar de nuevo contigo es observando la naturaleza con los cinco sentidos. Ser consciente de cada árbol y flor de tu alrededor, de cada movimiento de la naturaleza (desde animales corriendo, hasta hojas balanceándose) de cada color y olor de la tierra, te hará conectar con tu ser más íntimo. Por eso es vital pasar tiempo cerca de la naturaleza, y al menos una vez a la semana obligarte a salir de la ciudad e ir a algún parque natural, playa, bosque, río o montaña. Encuentra tu lugar preferido en la naturaleza.

En esta *Oportunidad* te proponemos una pequeña tarea para conectar con la naturaleza. Para ello, lleva este libro contigo la próxima vez que te encuentres en un espacio natural y busca un lugar tranquilo donde puedas quedarte inmóvil de pie. Cuando estés cómodo, cierra los ojos. Relaja la cabeza y el cuello, destensa los hombros y practica las 5x5 respiraciones de la *Oportunidad* 3 (página 139) hasta que notes que estás relajado.

Luego abre tus ojos y repara en cinco cosas que puedas ver a tu alrededor. Apúntalas sobre estas líneas.

1. _______________________     2. _______________________

3. _______________________     4. _______________________

5. _______________________

Seguidamente, vuelve a cerrar los ojos y conecta con tu respiración, luego advierte cuatro cosas que hayas oído y apúntalas.

1. _______________________     2. _______________________

3. _______________________     4. _______________________

Repite el mismo ejercicio de relajación y, con los ojos cerrados, percátate de tres cosas que puedas sentir con tu cuerpo.

1. _____________________________     2. _____________________________

3. _____________________________

Ahora, cuando estés con los ojos cerrados, repara en dos cosas que puedas oler. Deja toda tu atención a los olores y seguro que encuentras algo.

1. _____________________________     2. _____________________________

Por último, aunque no sea fácil, esta vez con los ojos abiertos, busca a a qué sabe la naturaleza. Seguro que encuentras un sabor allí donde estés.

1. _____________________________

La observación ralentizada y meditada con los cinco sentidos te ayudará a mejorar tu concentración y determinación. Ser capaz de observar la naturaleza te llevará siempre de vuelta a tu yo más íntimo, real y natural, ya que el hecho de observar cosas bellas, como por ejemplo una puesta de sol, enriquece tus emociones. Y así, en cada encuentro con la naturaleza, estarás recibiendo más de lo que fuiste a buscar.

*c r e a c i ó n*

## 96. La *Ley del 1%*

*"Dentro de un año desearás haber empezado hoy".*
*Karen Lamb, autora*

Las personas que consiguen éxitos extraordinarios no son más que personas normales que hacen cosas normales de forma extraordinaria. Es decir, repiten hasta la saciedad la *Ley del 1%*.

¿Qué es la *Ley del 1%*?
Es la ley que dice que no necesitas hacer nada extraordinario para hacer de tu vida algo extraordinario. La receta es actuar de forma continua, siendo constante y pensando a largo plazo. Dedicarte simplemente a hacer las cosas pequeñas que te llevan hacia adelante y que te hacen ser una mejor persona. Este porcentaje no es más que un simbolismo, puede ser un 0,5% o un 1,5%, la cuestión es que sea un paso hacia adelante. Un paso que te ayude a convertirte en una mejor versión de ti mismo, a entenderte mejor, a aprender más cosas o a ser más consciente.

¿Te ha pasado alguna vez que, al encontrarte con alguien a quien hacía unas semanas que no veías, te dijese: "¡Qué pelo más largo! ¡Te ha crecido super rápido!", cuando tú ni siquiera te habías dado cuenta? Esta sería un símil muy bueno para la *Ley del 1%*. La clave es permanecer fiel a tu objetivo, con la tranquilidad y la calma de quien sabe que está recorriendo el camino correcto. Porque el efecto normalmente no lo nota casi nadie a tu alrededor, incluso puede que tú no seas capaz de verlo hasta pasado un tiempo. Pero entonces, de repente, tendrás una percepción totalmente distinta de ti, los éxitos aparecerán y formarán parte de tu vida. No serán algo que tengas que conseguir, sino algo que tú ya eres.

Cualquier día puede ser un buen día para empezar la *Ley del 1%*, pero el mejor de todos los días posibles es ¡hoy! De esta forma comenzarás tu viaje con muchos pasos de ventaja.

Escribe en la siguiente línea alguna faceta de tu vida en la que quieras mejorar y lleves tiempo intentándolo sin ver frutos.

---

Si aún no estás convencido del impacto brutal que puede tener ser simplemente un 1% mejor cada día, mira la siguiente gráfica. No te preocupes, requiere muy poca matemática entenderla.

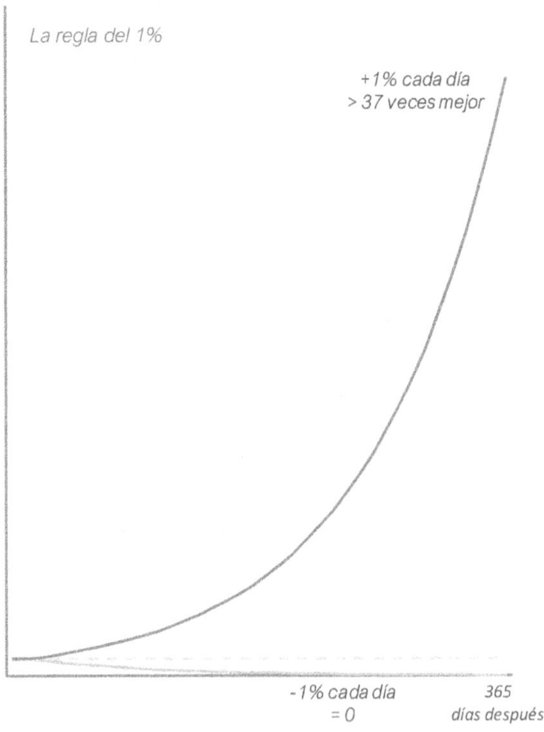


Después de un año siendo cada día un 1% mejor, acabarías siendo 37 veces mejor de lo que eres hoy. Ahora vuelve a lo que has escrito antes,

¿te imaginas que en un año eres 37 veces mejor de lo que eres hoy?
Reflexiona sobre ello aquí:

*Si fuese 37 veces mejor, sería capaz de tocar de oído muchas canciones y ¡siempre entonando! Además, conseguiría mi sueño de tocar con mis amigos en nuestros viajes.*

_______________________________________________

_______________________________________________

_______________________________________________

Por otro lado, seguro que la línea gris clarito de la gráfica no te ha pasado desapercibida. Eso es justamente el rendimiento que conseguirías si no hicieses nada. Al final de un año estarías prácticamente otra vez en cero, como cuando no tenías ni idea y empezaste en ese camino de aprender a ser alguien nuevo.

Por último, en el siguiente espacio libre, comprométete y escribe qué vas a hacer cada día para ser un 1% mejor en esa habilidad o aspecto que quieres mejorar. ¿Qué serías capaz de hacer para ser 37 veces mejor que hoy?

*Todos los días voy a dedicar al menos treinta minutos a tocar mis canciones preferidas y a aprender nuevas. Además, voy a probar clases online de guitarra.*

_______________________________________________

_______________________________________________

_______________________________________________

En ocasiones nos arrepentimos de no habernos puesto en acción en el pasado. Muy pocos nos damos cuenta en ese momento del impacto en nuestro mañana que podría tener empezar a hacer algo totalmente distinto hoy.

P.D. Este libro fue escrito en gran parte usando la *Ley del 1%*.

*Razón de Existencia, sueños, objetivos, acciones*

## 97. Eres lo que consumes

*"Eres lo que observas".*
*The Loft Cinema, ONG dedicada a las artes en Arizona*

Somos exactamente aquello que consumimos, y en esta *Oportunidad* no nos estamos refiriendo solo a la comida, sino a todo lo que consumimos en nuestro tiempo libre: desde cosas tradicionales como libros, programas de televisión o periódicos, hasta contenidos digitales como videos en *YouTube* o el *feed* de otros en nuestro *Facebook* o *Instagram*.

La analogía con la comida nos puede dar una visión muy clara del estado de salud de nuestro consumo de ocio. Si comes todos los días pizza y helado, lo más seguro es que acabes con un cuerpo con el que no estés muy cómodo, y con varios posibles problemas de salud. ¿Qué tipo de persona serías si pasaras tu tiempo libre mirando revistas del corazón o las últimas fotos de las redes sociales de los famosos de turno?

En cambio, si cuidas a tu cuerpo con ricas y sanas verduras, y si cocinas con métodos sanos, como hervir y saltear, seguro que acabarás con un cuerpo mucho más fuerte y saludable. ¿En qué tipo de persona te convertirías si aprovecharas tu tiempo libre para leer libros sobre temas que te fascinan o para tener conversaciones sobre temas que te apasionan?

Al igual que con la alimentación, no es necesario pasar de negro a blanco para cambiar tu cuerpo. Puedes comer toda la semana sano y darte el capricho de una buena hamburguesa el viernes. De igual forma, puedes ver durante quince minutos tus redes sociales antes de cenar y aun así tendrás tiempo de sobra para leer tu libro favorito antes de dormir.

En definitiva, si deseas crear o cambiar tu forma de ser, empieza cambiando lo que consumes en las únicas horas que no estás durmiendo, trabajando y/o estudiando. El primer paso, como casi siempre, es despertar a tu consciencia de todo aquello que consumes. ¿A qué dedicas tus horas de ocio y tiempo libre? Intenta responder escribiendo aproximadamente cuánto tiempo le dedicas a cada actividad en un día normal.

Una hora a ver mi serie favorita, 90 minutos redes sociales…

_______________________________________________

_______________________________________________

_______________________________________________

El segundo paso trata de elegir qué tipo de persona quieres ser: si deseas saber más sobre el mundo, deberás elegir documentales en lugar de series de ficción; si deseas tener conversaciones más profundas o significativas, deberás relacionarte con personas dispuestas a ello y prescindir de las que dedican el día a criticar a los demás.

Escribe en las siguientes líneas tres tipos de ocio que tendrías que consumir para convertirte en la persona que ansías ser.

Aprender a hacer fotos geniales una hora al día, ya que me gustaría crear mi propio *portfolio*.

1. ____________________________________________

2. ____________________________________________

3. ____________________________________________

¿Qué te impide llegar a convertirte en esa persona que has definido?

Revisa lo que has escrito al principio de esta hoja y tacha todas aquellas actividades a las que estés dispuesto a renunciar para convertirte en la persona que quieres ser. Ser consciente de ello te llevará a aceptarlo, y aceptarlo te llevará a realizarlo.

Por último, como cualquier plan de alimentación, considera la posibilidad de realizar dietas digitales, esto quiere decir no consumir nada durante un día, o incluso quizás acabes cogiéndole gusto y lo amplíes a más tiempo. Recuerda la *Oportunidad* 43 (página 218) para quizás implementar los *Días Desconectados*.

*Sueños, objetivos, acciones*

## 98. Altruismo como valor humano

"A medida que envejeces, descubrirás que tienes dos manos,
una para ayudarte a ti mismo, la otra para ayudar a los demás".
*Audrey Hepburn, actriz*

Las últimas tres de *Las 100 Oportunidades* están dedicadas a ayudar a los demás y totalmente relacionadas con la parte del libro "Su porqué". En estas tres *Oportunidades* queremos mostrarte la importancia de crear un mundo mejor y cómo hacerlo a lo largo del pasado, presente y futuro.

Empecemos con el pasado. Esta *Oportunidad* te servirá para recordar al menos tres ocasiones en las que colaboraste o ayudaste a alguien (conocido o desconocido). Ten en cuenta que, aunque hoy en día no le demos mucha importancia, lo cierto es que contribuir individualmente a mejorar la sociedad es crucial. Podemos hacerlo ayudando a personas con necesidades básicas, contribuyendo con organizaciones que trabajen para el desarrollo en países ajenos al nuestro, o incluso ayudando al vecino con la compra mientras conversamos cordialmente con él. Este es el camino para conseguir vivir una vida en la que des más de lo que recibas.

Aunque parece paradójico, uno acaba siendo más feliz cuando da más de lo que recibe. Eso sí, siempre y cuando se haga desinteresadamente y no solo por sentirse mejor con uno mismo.

Utiliza el espacio de la siguiente página para recordar tres de estas situaciones. De esta forma, recordarás que dentro de ti ya existe el importante valor y así cabrá lugar en otro momento de dar una mano para ayudar a los demás. Escribe también a quién ayudaste, dónde fue y por qué lo hiciste. Te dejamos primero un modelo para que entres más rápido en la dinámica.

Hace poco estuve unas horas en casa de la amiga de mi abuela explicándole cómo usar *WhatsApp*, para que la señora pudiese entretenerse más. Le ayudé ya que los mayores se encuentran a menudo desbordados con el tema tecnológico y me agrada saber que podrá comunicarse fácilmente con su familia y amigos.

1. ______________________________

2. ______________________________

3. ______________________________

Continuando la frase célebre de la actriz Audrey Hepburn, la capacidad que tenemos de ayudar a personas ajenas nos viene ya de serie, siempre tendremos un momento o una oportunidad para pensar en los demás y echarles como ayuda una de nuestras dos manos.

*Valores*

## 99. La bondad como virtud

*"A veces solo se necesita un acto de bondad
y cuidado para cambiar la vida de una persona".*
*Jackie Chan, artista marcial y actor*

Cualquier listado de sueños y objetivos de la vida debería incluir que lo que hagamos tenga un mayor impacto en la vida de las personas que lo que recibimos a cambio. Puede que no te des cuenta, pero tienes la capacidad de causar un gran impacto en la sociedad. Así que, ¿por qué no empezar a concentrarse en pequeños trabajos de voluntariado o en pequeñas ayudas cerca de nuestra comunidad?

En esta *Oportunidad* te proponemos que, al menos una vez a la semana, dediques una hora de tiempo a alguien que esté en necesidad de apoyo moral o económico. ¿Te parece mucho una hora a la semana? Una semana tiene 168 horas, si le restas las horas que duermes y las que trabajas o estudias, te quedan aproximadamente 75 horas. Una hora dedicada a otros, entre 75 horas de tiempo libre a la semana representa ¡menos de un 2% de tu tiempo!

Te proponemos algunas actividades solidarias de corta duración para que te resulte más fácil empezar esta misma semana: recolectar ropa para familias necesitadas, ayudar con el reparto de comida en casas de acogida, cooperar con hospitales para realizar actividades lúdicas con niños, donar al banco de alimentos, colaborar con un refugio de animales o en tiendas que destinen sus beneficios a diferentes proyectos solidarios.

Otra buena forma de descubrir formas de ayudar a otros es consultar las redes sociales de tu comunidad y de ONGs cercanas; seguro que, descubrirás muchas más iniciativas con impacto social y acciones de ayuda a los demás.

Si nunca antes has realizado este tipo de actividades, puede que te resulte un poco extraño o te afrente comenzar. Para ello te recomendamos empezar cada semana con un tipo diferente de proyecto para que así puedas probar las distintas formas de aportar tu tiempo y energía. Hazlo hasta que llegue el día que decidas mantener la misma actividad durante un tiempo. Prueba, relaciónate y conoce a otras personas para así conocerte mejor a ti mejor.

Una vez hayas realizado tus primeras acciones para dar más de lo que recibes y ayudar a otros, refleja sobre estas líneas qué has sentido y qué te ha aportado este nuevo hábito en tu vida.

______________________________________________________

______________________________________________________

______________________________________________________

______________________________________________________

______________________________________________________

Por último solo queremos recordarte el poco espacio de tu tiempo que ocupará una hora de tu semana, y el gran impacto que tendrá en otras personas.

¡Una hora dedicada a otros en una semana tuya!

*Valores, objetivos, acciones*

## 100. Una gran aventura para tu vida

*"Cada día tiene 1.440 minutos.*
*Eso significa que tenemos 1.440 oportunidades*
*diarias para hacer un impacto positivo".*
*Les Brown, speaker y DJ*

Gracias a las dos *Oportunidades* anteriores puede que ya hayas incluido algo relacionado con ayudar a los demás en algún nivel de tu *Pirámide hacia la Creación de tu Vida*. En esta última *Oportunidad* del libro vamos a ir un paso más allá en tu camino de crear un mundo mejor al que te encontraste. Y así acabarás de aprender que el mayor logro humano es el de dar más de lo que se recibe y el de crear más de lo que se consume.

Hoy, en esta *Oportunidad*, te comprometerás a asistir –al menos una vez en tu vida– a un voluntariado de cualquier tipo de proyecto, en cualquier parte del mundo y durante un período de larga duración. Este puede ser ayudando a niños a aprender matemáticas, aportando tu tiempo a la conservación de un parque natural, o colaborando en un proyecto en tu barrio o en Namibia, por ejemplo.

Con "larga duración" nos referimos a que te comprometas a ayudar a los demás durante, como mínimo, un mes. ¿Por qué esto? Hasta ahora hemos estado hablándote de actividades que duraban menos de un día, pero consideramos que para dejar un legado o enseñanza y provocar cambios en una comunidad o persona, se necesita tiempo. Para dejar una contribución positiva en los demás y transmitirles un aprendizaje, es necesaria una entrega verdadera por tu parte.

Desde implicarte en tu ciudad, a cocinar en una casa de acogida, o a enseñar inglés a niños vietnamitas que no tienen la oportunidad de aprenderlo en el colegio; el objetivo es hacer algo por los demás sin esperar nada a cambio y, al menos una vez en la vida, dedicarle tu valioso tiempo a otros, para que así puedan sonreír mejor.

Utiliza estas líneas para reflejar a qué tipo de proyectos, países, actividades y/o personas podrías dedicarles al menos un mes de tu vida. Es una decisión relativamente grande así que, como en todo este libro, dar el primer paso es el camino para abrir tu corazón hacia nuevas aventuras.

_______________________________________________________

_______________________________________________________

_______________________________________________________

_______________________________________________________

_______________________________________________________

_______________________________________________________

Cuando te hayas decidido por una forma de ayudar a otros durante al menos un mes, no te olvides de incluirlo en tu listado de sueños y/o objetivos (ese que tienes en el capítulo *Mis Fundamentos*). Incluso puede que quieras que sea un valor para incluir en tu *Constitución* o que descubras tu *Razón de Existencia*.

Esta es nuestra última *Oportunidad* del libro y nuestro último mensaje para ti. Si todos juntos ponemos un poco de nuestra energía y vida en devolverle al mundo lo que se nos ha dado, conseguiremos que miles de personas no tan favorecidas puedan también respirar y sonreír mejor. Y eso, al final, también llenará nuestros corazones de alegría, honestidad y amor.

*Razón de Existencia, valores, sueños, objetivos*

100%  █▌

# NOS VEMOS EN EL CAMINO

## UN MANIFIESTO PARA LAS GENERACIONES DEL SIGLO XXI

Una nueva era está comenzando, y aunque prácticamente todavía no nos estemos dando cuenta, somos la generación que va a cambiar totalmente la forma de entender la vida. Somos la disrupción de un estilo de vida basado en valores y modelos anticuados e individualistas. Queremos ser una sociedad que no se conforme con lo heredado y que busque su propia forma de vivir la vida con pasión.

Quizás haya llegado el momento en el que a esta nueva generación nos interesa más luchar por crear nuestros propios sueños, que rendirnos o conformarnos con los sueños de otros.

Quizás nos haya llegado el momento a toda esta generación de darnos cuenta de que dedicar preciosos años de vida a nuestra familia y amigos, en vez de trabajar horas y horas sin descanso por ser el jefe número uno o el mejor de algo, sea el secreto de una vida completa.

Quizás nos haya llegado la hora de derribar muros y limitaciones heredadas y autoimpuestas, para sustituirlas por la esperanza de que soñar despiertos es posible.

Quizás haya llegado el momento en el que esta generación olvide el individualismo y se reconozca como una, para que así nos prime saber que una persona pudo vivir mejor gracias a nuestro esfuerzo, dedicación, entrega y entusiasmo.

Quizás sea la oportunidad de decidir que nuestro jardín ya está lo suficientemente verde y bonito, y así podamos usar nuestra energía y pasión para ayudar a otros a transformar sus desiertos en bellos lugares donde habitar.

Quizás sea la hora de trabajar activamente con nosotros mismos, antes de que el tiempo –y con ello la vida– se nos escape, para así dejar a las próximas generaciones un mundo más compasivo y tolerante, más conectado y consciente. Y quizás así consigamos convertirlo en un lugar mucho más extraordinario.

Al igual que para obtener distintos resultados son necesarias distintas metodologías y/o comportamientos, para que esta generación consiga una nueva forma de pensar y vivir, son necesarias distintas herramientas con las que superarse y mejorar la versión que somos de uno mismo. Lo positivo en todo ello es que las respuestas ya las tenemos: se encuentran dentro de uno mismo, solo necesitamos hacernos las preguntas correctas.

¡Creemos un planeta consciente y unido, para esta generación y para las muchas que están por venir!

<hr>

Lo que diferencia la vida humana de la animal y vegetal es que nosotros tenemos la capacidad de darle un valor y un sentido. Es nuestra responsabilidad esforzarnos cada día para darle un significado, una dirección, un camino, un porqué… en definitiva una *Razón de Existencia,* a nuestra vida. La felicidad depende directa y proporcionalmente de cuán consciente seas de porqué estás en este mismo momento en este planeta. Hoy eres más feliz que ayer, sin duda porque persigues esos sueños que te hacen levantarte cada día; porque vives con ilusión y vitalidad el estar aquí y ahora; y porque sabes, desde lo más profundo de tu ser, el motivo por el cual respiras. Al final lo único que nos quedará es saber existir en este momento. Esperamos que así tú también puedas sentirlo. Esperamos que así tú también puedas experimentar la felicidad.

Este libro es todo lo que nosotros, como hermanos y personas, hemos aprendido –y seguimos aprendiendo– en estos últimos años de nuestra vida. Hemos intentado plasmarlo en palabras de la forma más directa, pragmática y transparente posible. Es un alto en el camino para asegurarnos de que sí, estábamos en lo cierto en la idea de crear una vida que fuese la máxima expresión de la felicidad. Y ahora, ¿cómo continúa? No dejando de aprender nunca.

Cerramos este libro con el deseo de que consigas vivir una vida siendo la mejor versión de ti mismo, aprendiendo a vivir el momento presente (que es lo único que tenemos y tendremos) y, por supuesto, descubriendo la verdadera razón de vivir que cada uno de nosotros lleva dentro. Estamos seguros de que algún día nos encontremos por el camino, sin duda por el camino de la creación. Hasta entonces, vivamos extraordinariamente.

¡Gracias por existir!

Paula   Sergio

"¿Dónde estás? Aquí
¿Qué hora es? Ahora
¿Quién eres tú? Este momento"
Fragmento de la película: *El Guerrero Pacífico*

# NUESTRAS FUENTES DE INSPIRACIÓN

A continuación hemos nombrado libros, personas, documentales y otros audiovisuales que nos han ayudado, no solo a escribir este libro, sino también a conseguir vivir en un estado de consciencia y creación.

Que este listado te inspire tanto como ha hecho con nosotros. Si quieres profundizar en algunas partes de este libro, aquí encontrarás un buen lugar para empezar.

El siguiente orden es simplemente alfabético, no representa ningún tipo de priorización o clasificación.

## LIBROS

- *Benjamin Franklin*, Walter Isaacson
- *Blink*, Malcom Galdwell
- *Deja de ser tú*, Joe Dispenza
- *Despertar*, Sam Harriss
- *El alquimista*, Paulo Coelho
- *El arte de la meditación*, Matthieu Ricard
- *El camino del artista*, Julia Cameron
- *El camino del zen*, Alan Watts
- *El cisne negro*, Nassim Nicholas Taleb
- *El guardián entre el centeno*, J. D. Salinger
- *El hombre en busca de un sentido*, Viktor E. Frankl
- *El monje que vendió su Ferrari*, Robin Sharma
- *El poder del ahora*, Eckhart Tolle
- *El principito*, Antoine de Saint-Exupéry
- *El señor de los anillos*, J. R. R. Tolkien
- *Factfulness*, Hans Rosling
- *Fuera de serie*, Malcom Galdwell
- *Héctor y la búsqueda de la felicidad*, François Lelord

- *Hygge: la felicidad de las pequeñas cosas*, Meik Wiking
- *Indistractable*, Nir Eyal
- *La liberación del alma*, Michael A. Singer
- *La más profunda aceptación*, Jeff Foster
- *La semana laboral de 4 horas*, Tim Ferriss
- *La última lección*, Randy Pausch
- *Los pilares de la tierra*, Ken Follett
- *Más allá de la religión: ética para todo el mundo*, Dalai Lama
- *Mujeres que corren con los Lobos*, Clarissa Pinkola Estés
- *Piense y hágase rico*, Napoleon Hill
- *Poder sin límites*, Anthony Robbins
- *Rejection Proof*, Jia Jiang
- *Sapiens*, Yuval Noah Harari
- *Siddhartha*, Herman Hesse
- *Sopa de pollo para el alma*, J. Canfield M. V. Hansen y otros
- *Tao para vivir*, Á. G. Fernández, D. G. Pérez-Juana y L. Zheng
- *The big five for life*, John Strelecky
- *The healing power of breath*, R.P. Brown y P.L. Gerbarg
- *Un largo camino hacia la libertad*, Nelson Mandela
- *What's stopping you?*, Robert Kesley
- *10% más feliz*, Dan Harris

PERSONAS Y GRUPOS

- Acrovinyasa: Claudine y Honza Lafond
- Anthony Robbins
- Asociación Desata tu Potencial
- Emilio Duró
- Jim Kwik
- José Mujica
- Juan Planes
- Lucas Rockwood
- Oprah Winfrey

- Simon Sinek
- Tim Ferris
- Vishen Lakhiani
- Will Smith
- Wim Hof

## PELÍCULAS

- *Braveheart*
- *Cadena de favores*
- *Capitán fantástico*
- *El club de la lucha*
- *El club de los poetas muertos*
- *El guerrero pacífico*
- *El efecto mariposa*
- *El indomable Will Hunting*
- *El señor de los anillos*
- *En busca de la felicidad*
- *Forrest Gump*
- *Gladiator*
- *Hacia rutas salvajes*
- *Intocable*
- *La vida es bella*
- *Pequeña Miss Sunshine*
- *Una mente maravillosa*

## DOCUMENTALES Y OTROS AUDIOVISUALES

- *El Pepe una vida suprema*, Emir Kusturica
- *La revolución gastronómica*, Jamie Oliver
- *Zeitgeist*, Peter Joseph
- *Actitud*, Victor Küppers
- *How great leaders inspire action*, Simon Sinek

- *Optimismo e illusión*, Emilio Duró
- *Tearful speech at power of women*, Oprah Winfrey
- *The power of vulnerability*, Brené Brown
- *Wear sunscreen*, Mary Schmich
- *Why 30 is not the new 20*, Meg Jay
- *Why good leaders make you feel safe*, Simon Sinek
- *Why you should define your fears instead of your goals*, T. Ferriss

A continuación hemos nombrado a otros seres humanos que quizás no aparezcan en las pantallas de televisión o en tu *smartphone*, pero que han tenido una influencia igual o mayor en nuestra vidas que todos los anteriores. Nuestra vida es la suma de las personas que nos rodean, y estas nos han inspirado en el proceso creativo necesario para que hoy podamos leer este libro.

Antonio Morales, Batafor Ubas, Brigitte Auernigg, Camilo Carreiro, Dana Cortina, Dipita Schaefer, Estefanía Rico, Eva Ferrer, Familia Rivas Trofeo, Fernando Roldán, Francisco Martí Vidal, Georg Grundner, Hans-Jörg Zahradnik, Jaap Boonstra, Joaquín Jover, John SJ Batafor, Josefa Santacreu, Juan Planes, Júlia Villena, I Wana Juniarta, Krish Mara, Leonhard Raudaschl, Michael Alcaraz, Martin Carmann, Mimi Ikonn, Nicolas Pflasterer, Pouk Savon, Salvador Bertomeu, Salvador Grimalt, Santiago Ávila, Serge Salvador, Victoria Daruich, Zlata Kobas

Queremos agradecer especialmente a cuatro de estas personas: Eva Ferrer, Fernando Roldán, Júlia Villena y Nicolas Pflasterer. No solo por lo que nos han inspirado y ayudado en nuestra vida, sino también por haber dedicado su tiempo a mejorar este libro que acabas de leer. Gracias por todas sus correcciones y comentarios críticos que han elevado el nivel de esta obra.

Por último, nos gusta considerar esta obra como un diamante en bruto, el cual fue tallado y pulido excelentemente por Dolly Britton

Jiménez. Gracias a sus profesionales correcciones y comentarios nuestro libro mejoró su valor y brillo. Cualquier error gramatical o falta de claridad se debe única y exclusivamente a los dos autores.

A todos ellos y a ti...

¡gracias desde lo más profundo de nuestros corazones!

# ¡ENHORABUENA!

Ante todo, enhorabuena por llegar hasta aquí. Esperamos que realmente hayas aplicado lo que has aprendido y que haya tenido un efecto positivo en tu vida.

Y segundo, tu camino no acaba aquí…

# ¡CONTACTA CON NOSOTROS!

Contacta con nosotros para cualquier duda, pregunta, *feedback*… que tengas. O incluso para dejarnos una evaluación, esto no solo nos ayudará a nosotros, sino también a que nuestro libro y mensaje llegue a más gente.

 www.thehappinessexperience.org

 info.thehappinessexperience@gmail.com

 @thehappinessexperience